疯狂阅读®

CRAZY READING

珍藏版

主编 / 杜志建

青春卷

我们在午后走廊养过整个银河

粉笔灰是星云

课桌裂缝里藏着彗尾

那年突然的大雨

把所有人的名字

冲成发光的星座

汕頭大學出版社

图书在版编目(CIP)数据

疯狂阅读：珍藏版．青春卷 / 杜志建主编．-- 汕头：汕头大学出版社，2024.6（2025.6 重印）
ISBN 978-7-5658-5304-3

Ⅰ．①疯… Ⅱ．①杜… Ⅲ．①阅读课－中学－教学参考资料 Ⅳ．① G634.333

中国国家版本馆 CIP 数据核字（2024）第 109782 号

疯狂阅读：珍藏版．青春卷　FENGKUANG YUEDU ZHENCANGBAN QINGCHUNJUAN

主　　编：杜志建
责任编辑：蔡　瑶
责任技编：黄东生
封面设计：马俊洁
封面绘图：chocbaaaa
出版发行：汕头大学出版社
广东省汕头市大学路 243 号汕头大学校园内　邮政编码：515063
电　　话：0754-82904613
印　　刷：河南瑞之光印刷股份有限公司
开　　本：787mm × 1092mm　1/16
印　　张：10
字　　数：280 千字
版　　次：2024 年 6 月第 1 版
印　　次：2025 年 6 月第 2 次印刷
定　　价：25.90 元
ISBN 978-7-5658-5304-3

声明

基于对知识和创作的尊重，本书向所选文章、图片的作者给予补贴。因条件所限未能及时联系的作者，我们在此深表歉意，当您看到本书时，请与我们联系，以便我们向您支付补贴和赠送样书。因篇幅有限，部分文章有删节，敬请谅解。

联系方式：0371-68698015

目录

夏日狂想曲

她的山她的海

柠檬微微甜

玫瑰万有引力

雨落无人岛

长安曾有少年郎

夏日狂想曲

少年总是泛着光的，永远轰轰烈烈，炽热且勇敢。

少年是个形容词

✻楚青樵

少年这个美好的形容词，关联着青春、纯真、梦想、拼搏、阳光、下课铃、白衬衫和干净的笑容。

这年春天，我如同一条沙丁鱼，整个人贴在公交车的玻璃前，皱着眉，满脸烦躁。

等红绿灯时，忽然一群穿着白色衬衫的少年从人行道上走过，他们瘦削的脊背上挂着画板，袖子随意挽起，露出线条流畅的小臂，手里提着一袋颜料。在柔风嫩花里，他们三五成群地嬉闹着，脸庞上漾着笑容，似乎风里也飘来了笑声，有着太阳的明亮。

一刹那，我的心被点亮，忽然想起了从前的自己。

穿着蓝白相间的校服，倚着栏杆，听着广播里播放的《你曾是少年》。一句“可天真离开时，你却没说一个字，你只是挥一挥手，像扔掉废纸……”传来时，年少的自己嗤笑着将手中的试卷揉成团，精确无误地掷入不远处的垃圾桶，不屑道：“真是无病呻吟。”

那时我十六岁，青春的试卷已然铺展开来。可那时的我总是用一个潦草的“解”字作答。

一次，因为在晚自习讲小话，被教导主任抓住，并被请到教导主任办公室，接受一顿训斥。过后，班主任将我带回来，长长的走廊被灯光照得雪白，刺得我不禁眯起了眼。当听到班主任问我：你想象中未来的自己是什么样子的？我一愣，脑海中浮现出一个西装革履的自己，褪去了青涩与稚嫩，变得成熟体面，意气风发。

我笑着同班主任描述，他只是笑了笑，咽下那些陈词滥调，叮嘱我学习还是要认真点儿。我只顾咧嘴傻笑，点头。

走了很久的路，终于考上了高中，我开始不管不顾地休息与玩耍。即使是一条鱼，也不会终日潜在水底，总有探头透气的时候，所以那时觉得自己只是暂时歇息，并不会影响前进的步伐，况且自己也不想成为一个死读书的呆子。老师们的苦口婆心，学生们也厌倦了，当面频频点头，可一转身就在暗地里给他们冠以“祥林嫂”的外号。

那时的我不懂何为年少轻狂，只是反驳：“不轻狂，何为少年？”我的特立独行频繁地给老师们惹出各种麻烦。

给别人带来麻烦的时候，也给自己添了些许心乱。我从缝隙里偷看她安静的侧脸，心想：怎么可以有人长得如此好看呢？手无意识地在草稿纸上写了很多遍她的名字，一撇一捺里都藏着如野草般疯狂滋长的心事。在别人看过来时，又匆忙地将纸撕得面目全非。

那时我还不知道什么叫作欲盖弥彰，面对来自外界的风言风语，明明有很多说辞的我，偏偏下意识地选择了用尖锐的话语刺伤她。在她受伤的表情里，我看到她梗着脖子，咽下了一切。

我以为这是年少轻狂，便自作主张地原谅了自己。满以为“对不起”之后必然跟着“没关系”，却忘了别人是否能同样地原谅我。

青春的一场花事无疾而终，如流星匆匆划过天空，最后我也没能跟她好好道别，补上那句姗姗来迟的“对不起”。

那两年的片刻走神，让我尝尽了苦果。

夏日的蝉鸣戛然而止，在盛大的告别后，我迎来的不是新的征程，而是高考的落榜。在别人展望光明未来时，我却收拾起一身的落魄，再度坐回窗边的位置。

不同于上一次的高三，这一次，只能埋首在书海里。每逢下课铃响起，楼下的校道总涌动着一群穿着白衣的学子，如白鸽出现，又消失。我就这样遥望着，胸口发烫，察觉有些火星渐次熄灭。

而今，两分钟的时间，足够我将过往咀嚼一遍。公交车缓缓开动，那群白衣少年也被风吹得渐行渐远。

透过车窗上斑驳的光影，我依稀窥见一张泛黄的脸庞交织着疲惫与沧桑。我察觉到千言万语堵在咽喉，忽然就有种要号啕痛哭的冲动。

那几年的轻狂时光落尽，隔着无数尘帘雨幕，再问自己，少年是十七岁的你拔节长高，穿着白衬衫如同一棵白杨吗？是在风里奔跑，有着一张洋溢着蓬勃朝气的脸吗？是仗着年少，肆意妄为，由着性子去胡闹吗？

没有人能永远年少，但永远有人少年。有些人即使双鬓染霜，容貌被岁月刻下一道道沟壑，但他的身上仍存有少年感。

少年这个美好的形容词，关联着青春、纯真、梦想、拼搏、阳光、下课铃、白衬衫和干净的笑容。

多幸运，恰好是少年。

你的晴朗落在冰上

✽ 云鲸航

大学时我的性格依然内向，整个人像座孤岛漂浮在校园里。

或许是因为从小受到母亲的影响，她喜静，不爱任何喧嚣的事物，我也跟着如此。原先住在六人寝室，由于室友们都爱闹腾，寝室里总是充满他们打游戏的声音、跑调的歌声、时不时从嘴边冲出的脏话以及睡觉时磨牙、打鼾、说梦话的声音。忍受了两年后，我还是离开了那个房间。

搬离前，我问自己：能去哪里呢？面对家里拮据的经济条件，我无法在校外租房，就跑去宿管中心想求得一处新的容身之所。宿管阿姨一般不会很快答应学生的换宿申请，经我软磨硬泡不断央求，她才夕阳带走了他棕色发梢的最后一抹光亮，但他的脸依然在我眼前如此璀璨，是光做成的少年。

盖了章，我就这样换到了一间两人寝室。

新的室友是即将毕业的大四学生，学的是思政专业，知道我爱看书，他就很少打扰我，照面时两个人都是和气微笑的模样。他一大爱好是登山，常有学校登山社的人来找他聊天。我最常见到的是一个叫晴耀的男生，与室友同年级，学的是人类学。他染着棕色的头发，跟室友聊天时总是笑声爽朗，他们会讲起马恩，提起乔治·瓦林、克里米斯基，说起爬山或是进行田野调查的经历。聊到自己喜欢的内容时，晴耀深邃的眼里总闪出明亮的光，似乎在他的世界里，晴朗是唯一的天气。

我有很多书，或是省吃俭用买的，或是从学校图书馆借的，桌子上不够放置时，我就将它们移到床边，好像筑起了一堵城墙。这堵墙也像是我与现实世界的分界线。墙外任他人热闹，墙内有我自己的一片宇宙。

有一天，晴耀来找室友，两个人相谈甚欢。我正趴在床上看书，不经意间一伸脚，突然听到下方传来一声响，原来是我不小心把一本书踢到床下，落到他身边，幸好没有砸到人。

"对……对不起……"我探出一张做错事红着的脸，语气里满是歉意也满是紧张。没想到却看见他举着书，眼睛亮得像通过天文望远镜发现了一颗新星，兴奋地朝我问道："你也看《追风筝的人》吗？"我不知所措，愣了一下，只点了下头。他又兀自说起："我高三时卷子做烦了，就拿这本书出来看，结果被班主任骂了三天……对了，我想再温习一遍这部小说，可以借我吗？"听他这一问，我瞬间又成了一个只会点头的哑巴。而我跟晴耀就这样认识了。

十二月一场大雪落下，室友外出实习还没回来，整个寝室里就只有我。不知道那天是怎么回事，头晕目眩，书没看进去几页，我就躺床上休息了。日落之际，有金色的光照进来，我看着墙壁上的金光，在睡意驱使下闭上眼睛。后来晴耀来我宿舍还书，他喊了我几声，见我没反应，就急忙到我床边看情况，一不留神把那堵书墙推倒了。

他手一贴我额头，立马喊我醒来。"天啊！这么烫，你们宿舍暖气片温度肯定都没你高，快快快，起来去校医院！"他喊了半天，见我还是迷糊的样子，就直接背我出去了。

那天我好像做了一场很漫长的梦，梦里坐着宇宙飞船正不断靠近太阳。太阳发出极其耀眼又炽热的光，似乎要将我熔化。而飞船不曾停下，载着我不断向太阳靠近。

醒来后，我发现自己正在医院里输液。晴耀在一旁，对我说："你肯定不知道自己发烧了吧？光读书可不行，身体也要跟上来，不然真成书呆子了。以后我带你锻炼吧！"随后，他又补充道："不过最近大雪封山了，也没法带你爬山。你喜欢滑冰吗？"我轻轻说了声："不会。"话音没落，他立马就说起来："没事，我带你！"

接下来的日子里，晴耀真的开始带我锻炼了。我们一起去学校滑冰场，我当他徒弟学滑冰。站在滑冰场的边缘，冰面在灯光下泛着冷光，像是一片未知的领域，这一切让我心生怯意。晴耀轻轻拍了拍我的肩膀，笑着说："别害怕，迈出第一步就好。"说着，他要上前拉我踏上冰面。冰场的风裹着碎雪撞进领口，我死死抓住栏杆。

"看，很简单的，真的，别怕！"他自己倒滑起来，在我跟前转了好几圈，冰刀在冰面划出一条条流畅的弧线，雕刻着寒冬这个季节的面容。"松手！"他忽然又前来拽住我僵直的手腕，又说了一声，"我带你！""会摔！"我喉咙里挤出的颤音仿佛被风声嚼碎。他这下不管了，只大笑着将我往前推。

感觉冰刀突然变成活物，我任由它带着我朝白茫茫的冰面滑去，双脚不听使唤般颤抖着。晴耀引导着我："不要去看脚底的冰刀滑行，放松身体，看前方。"我深吸一口气，努力按照他说的去做，慢慢地，我发现自己能够在冰面上滑动一小段距离了。

"你会了！再自信点，用自己的身体跟随心里的那阵风走吧！"北方零下二十多摄氏度的空气里，他说话时冒出的气丝汇成一股白烟，飘散在天地间，"就像这样……"

我看他猛蹬冰面，整个人像离弦的箭射向落日。他一边滑一边张开双臂，羽绒服鼓成帆，自由地穿梭在冰场中。冰刀仿佛切开了时间的镜面，伴随夕阳的余晖闪出一条条金边。他是太阳的孩子，周身发出璀璨的光。那一道青春的身影在我脑海中定格，一瞬即是永恒。

在晴耀的指导下，在一次次的摔倒与爬起中，我逐渐掌握了滑冰的技巧。风掀起我们的围巾，我们像乘风而行的人。晴耀在我身侧，一边指着前方，一边朝我微笑："我就说你可以的！看，前方还有一点点余晖，我们追不追？"我点头。两个人旋即快速往前滑冲，仿佛成了小说里追风筝的人。

每当我有了一点进步，晴耀都会毫不吝啬地夸奖我。他似乎永远充满昂扬向上的力量，使也使不完似的。他从不诋毁人，也从不表现出任何消极的情绪，是我眼中寒冬里那一抹永不落山的暖阳。当然，有时候我也会对这样一个无比乐观的男孩好奇。

有一天，晴耀带我来冰面更辽阔的湖边滑冰。我们如往常一样从日光熠熠的下午滑到暮色降临。停下来时，我忍不住问他："你为什么对人总是这么温暖？""那可能……是你一直沉浸在书海里吧，没上岸好好看看人类，像我这样的人还是不少的。"他回答着。"或许就如你所说，但你在茫茫人海中真的很特别。"我又望向他那盈满笑意又无比深邃的眼睛。晴耀的笑容微微一滞，片刻后，他轻声说："太阳也有流泪的时候，只是我们不知道。"

不远处，有大人正牵着孩子小心翼翼地从冰面走回岸上。晴耀的目光望向更远的地方，陷入了回忆。

"我人生中最痛苦的时光，是父亲离世时。那时候我才十岁，我和母亲都感觉陷入一片黑暗当中，仿佛整个世界都崩塌了……"他的声音有些低沉，"但我知道，我不能一直沉浸在悲伤里，我要振作起来，要成为母亲的光，带着这个家走向一个新的黎明。"

晴耀说，从那以后他比以往更努力地学习，凭借着优异的成绩拿到了学校和社会层面提供的很多奖学金。他也更加热爱生活，生命中最期待的事情就是每天看到这个世界新的变化，这些变化让他感到无比激动与喜悦。

他说完，我看见他睫毛上凝着冰珠，像星星碎片坠在眼角。夕阳带走了他棕色发梢的最后一抹光亮，但他的脸依然在我眼前如此璀璨，是光做成的少年。

我跟晴耀就这样滑过了一个冬天。日子仿佛也跟随我们在冰面上滑行，过得飞快。

开春后，到了新学期，冰场在一天天融化，无法再供人滑冰。晴耀来我宿舍的次数逐渐变少，室友说那小子太招人喜欢，面试了几家单位都通过了，都想要他提前过去上班。后来有一天，晴耀又来到我们宿舍，聊起天，一如往常那样谈笑风生。最后走的时候，他轻轻跟我说了声："走了哦。"

那语气就好像只是平常一声简单的再见，似乎明天他还会过来串门。我以为我们只是短暂一别，就没留下联系方式，却没想到，自己此后再也没能碰见他。

多年之后，一个安静的傍晚，我无意间翻起那本《追风筝的人》。当翻到最后一页时，一行字映入眼帘，是小说里的句子："为你，千千万万遍。"字迹不是我的，应该是晴耀的。

那一刻，暮色笼罩着大地。

我想起过往黄昏里的种种时光，一个男孩用他温暖又温柔的力量，教会我如何冲破内心的围城，去面对生活，拥抱世界。

在那遥远却永恒的北方，在时间铺成的冰面上，我们追着暮色前行。风在耳边呼啸，我也成了一阵风，紧紧跟随着另一阵风，在这辽阔的天地间自由飘荡。

蝉鸣声里的十八岁

✽李柏林

有时候，我趴在书桌上休息，总会梦到我的高中时代，就像在高中时代，我会经常梦到我的现在一样。

十八岁，我正在读高三，在班里几乎是个小透明。在上学时，当一个人成绩不好时，就仿佛少了底气。所以我总是喜欢逃避，逃避老师在课堂上的眼神，逃避老师的关注。当老师提问的时候，我总是把头埋得低低的，不让他想到我。

我喜欢坐在靠窗的位置。窗外有很多树，尤其是夏天时，蝉鸣不止，即使午休时，也一点儿都不消停。我感到烦躁，可又知道自己无法跟一群蝉生气。很多个中午，我都没有睡着，只是趴在桌子上，大脑却很活跃，没人知道我在想些什么，就像小时候看的孙悟空，我的灵魂早已从我的身体离开，留在教室里的，只有躯壳。

我一般会设想到十年后，也就是现在。十年后，我逆袭归来。我穿着白裙子，站在舞台中央，分享我的成功之路，那时候，我已经成了一个闪闪发光的作家。

可是醒来后，我仍然土里土气地坐在教室里，看着身上那件起了球的黑色毛衣，瞬间觉得自己暗淡无光。全班同学都知道我有一个根本无法实现的作家梦。

我经常会在课间看小说，妄想有一天自己的文字也能出现在书上，但是我听到最多的话是，白日梦。面对别人的嘲笑，我都只有无能为力的愤怒，就像对待窗外的蝉一样。

我总是在犹豫，希望有人告诉我，坚持下去就能成功。我听到太多否定了，我害怕一事无成，我害怕努力付诸东流，我害怕自己的努力成为天大的笑话。那时，我感觉自己站在人生的十字路口，而拥有梦想的人，居然是最痛苦的人。要承担不能成功的风险，还要承担失败后的眼泪。

老师看出了我的心神不宁，快考试的时候找我谈心，她问我以后想上哪所大学，想学什么专业，她说不要再想着写作了，好好学学数学。我说："我想知道我自己能不能成功，我想知道自己有没有天赋。"老师无奈地说："这谁能确定呢，而且我们这个地方从来没有出过作家，怎么可能你是第一个呢！"

就是这种不确定的未来，让我很迷茫。

我总是在晚上偷偷写文章，然后周末的时候一个人悄悄地去邮局寄信，像做贼一样，梦想变得不敢声张，只敢这样偷偷进行。每次回去的路上我还是很高兴，想着不久后的一天，会有一本样刊寄到我的学校，然后打破同学们的看法。

十八岁那年暑假，我高中毕业。可直到毕业，我都没有等到一条用稿信息。那时候，我被一句"出名要趁早"迷惑着，我以为我的人生再也没有机会了。

可是颓废一段时间之后，我还是拿起了纸和笔，继续写作、投稿。我不想在未来的某一天，回忆过往，生出"我本可以"的感慨，让未来的自己惋惜当初再努力一点儿就好了。

大学时，我们搬到了新校区，图书馆刚建好，冬天的时候没有暖气，屋子冷冷清清的。没课时，我一个人躲在图书馆看书，一直看到图书馆关门。那个时候，我成了一个内敛的人，不再告诉别人我的梦想，可是这个梦却从来没有停止。

那些偶尔发表的文章并没有给我带来太多信心，我甚至觉得那些都是意外。我喜欢写稿时用笔名，即使过稿也把样刊藏起来。我希望有一天，等我确定自己可以走这条路的时候，再正大光明地告诉别人，我可以。

后来，我经历过很多次自我怀疑，也经历过很多次别人的否定，每当别人跟我说，我一点儿天赋都没有时，我都会笑着说："这句话，我从十八岁就知道，我听了这么多年，不还是走过来了！"

我捂起耳朵向前冲，我发表了很多文章，甚至后来把写作当作职业。有一天，我真的穿上了梦里的白裙子，站在了舞台上，告诉别人我的名字，还有我的成绩。那一刻，我想到了我的十八岁，我想告诉十八岁的我："还好你没放弃。"

其实，十八岁，人生才刚刚开始啊。谁的十八岁不是雨季呢？但是只要穿过暴雨就好了，我们会面临着怀疑，也面临着失败，甚至面临着人生各种的第一次，可是，我们都是这样长大的。

如今，我总是会梦到十八岁的我，她坐在课桌旁，听着蝉鸣，想着未来的事情，我在旁边无声地说：你会发表很多文章，你会越来越优秀，你总有一天会闪闪发光，你的人生要自己做主。

如今，我趴在桌子上想着十八岁的故事，只是蝉鸣声不再。

我想，哪里没有蝉鸣呢？只是我已经不再在意了，如今的我，惧怕的不再是失败，而是从未努力过。我已经成为自己想成为的人了，那个勇敢的大人。

永远的倒数第一

雁来

氧气像要被抽空了，喉咙里冒着浓厚的铁锈味，我尽力摆动着双臂，然而在别人看来只是微小的幅度。我喘着大气，难以呼吸，带动空气一同振动，看着遥不可及的终点线，脚疲惫得像软掉的面条一样小碎步挪动。

一场跑步测试就把我击溃了。年少的我觉得比学科测试还难，起码学科测试题型固定，有章可循，掌握了套路便可拿下不少分。而体育是我一直努力却没有进步的学科。

这是我在正式测试中取得的第一个倒数第一，而我知道将来还会有无数个倒数第一。毕竟体育课上我常居吊车尾。青春期的我像一碰就缩的含羞草般敏感，有着高度的自尊心。每次抽到幸运内围号的我占据开场优势，轻松跑在前头，却总被同学一个接一个地超越，落在最后，像脱离队伍的显著点。那个时候，看着别人都跑完了，拿到倒数第一的我握紧了双手，觉得很难堪。

我不想跑了，于是我像个逃兵一样从课堂上逃跑了。毕竟拿几次倒数第一总比拿很多次倒数第一要好点吧。

当时学校的场地极小，没有跑道。而体育老师别出心裁，想出了好办法。体育课上的跑步训练都是通过在操场上放置一

青春期的我像一碰就缩的含羞草般敏感，有着过强的自尊心。

个个雪糕筒来规划跑步路线，或是设置横跨几栋教学楼楼梯的跑步路线。上课的时候听到走廊上此起彼伏的哒哒声，便知道又有班级在进行跑步训练了。

而上体育课的时候，安排跑教学楼楼梯的路线，对我来说，是机会来了。毕竟，一个班级人数很多，跑步的时候大可以取巧，有不少人会在某个固定位置上等待，等循规蹈矩的队伍经过的时候，趁机混进队伍当中，这样子便可以少跑一点。

我还是第一次做这样的勾当，内心紧张得像揣了只蹦跶的兔子，默念着时间，希望早点结束。旁边的男生们懒洋洋地靠着墙，随意地聊着天，眉梢处尽是惬意。

“那我们什么时候回去？”旁边有个声音冒了出来。

领头的不以为意，朝出声的地方揶揄回应道：“当然是等他们跑完这圈。”随即他们的脸色变了，而我眼前一黑，在心里呐喊：完了。

因为那赫然是本应该在一楼的体育老师。

正常完成训练的队伍归位后，体育老师走了出来，后面跟着我们一行偷懒逃避训练的队伍。我苦成了苦瓜脸，毕竟总结来说我跟这支队伍唯一的共同点就是都逃了训练，不同点是他们体能好觉得没必要参加，而我是体能差到了极点。就好比他们交白卷是因为这卷子太简单了，不想做，而我是真的绞尽脑汁也写不出，干脆就不写了。

我有些害怕体育老师当众把我揪出来单独挨训，心情很是微妙，甚至后悔为什么自己要这样做。

不过最后，体育老师也只是挑了挑眉梢，哼笑道：“下次别让我抓到了啊。解散。”

我松了一口气，当他用这样的语气说话时，我知道这是轻轻放下，不追究我们了。

队伍散开的时候还有男生调笑回应道：“下次我一定躲好。”

我看到远处体育老师回过头来，笑骂道：“臭小子。”

兴许是这次难得的轻拿轻放，我恍然觉得逃避无用，也不愿再当那永远的倒数第一了。我红着脸去问班上跑得最快的女孩子关于跑步的技巧，而她热情地倾囊相授，甚至在体育课上她特意调了位置，并排着跟我当那个倒数第一，一边跑一边告诉我哪里不对，呼吸和手的姿势哪里错了。或是轻轻地跟我说：“看着我的后背，跟着我就好。”后来，我慢慢地跑到了前面，还是会吃力，但是进步了不少。

原来，不做倒数第一也没那么难。

你的名字，我的烟花

✽徐畅

①

高中时，我暗暗喜欢过一个男生，用现在网络流行的一个英文单词来说，叫作 crush（喜欢某人，但对方不知道自己心意）。

如今，多年过去了，我已经记不清他的模样了，但他的名字，我却始终记得。那是我曾经在一个夏日，一遍遍高声呼喊过的三个字。这恶作剧般荒唐的举动，和他四处张望寻找时的眼神，一直刻在我脑海里，不曾遗忘。

他叫何在衡。在得知他的名字后，我反复分析了这三个字的含义，感觉连在一起还颇有文艺气息，与他的气质很是匹配。他是那种你在校园里一眼望过去就能记住的男生。彼时，我们都穿着色调单一的校服，留着整齐划一的发型。唯独他，总是穿着白衬衣和牛仔裤，蓬松的刘海遮盖住前额。他身材修长，鼻梁高挺，长得有点像我喜欢的一个作家。碰巧的是，那时的我疯狂地爱上了那个作家的书，甚至床边都贴满了他的海报。何在衡闯入我的生活，还和我在同一所学校，不用照镜子我都知道，自己看到他时，眼睛肯定在发光。

②

何在衡太不一样了，我们一边背单词一边跑操时，他迈着大长腿，悠闲地在操场上散步。在他身上，总散发出一种比我们更成熟的气质。

我把曾经深埋心底的烟花全都喊到白云之上，也许没人看得见，但我知道，它曾经那么美，照亮过我青春的日与夜。

我感觉自己生活在纪录片里，过得非常官方、平淡，而他的画风则像是偶像剧，富有青春气息。好在，因为他的突出，让我没费多少工夫就打探到了他的消息。

原来，他还是一个满是光环的人——“火箭班”的学生。高三时，学校选拔了一批学霸，凑成几个“火箭班”进行重点培养。为了给他们提供最好的学习环境，校领导将这几个班专门安置在一栋小白楼里，还免去了他们早上跑操、穿校服、留短发等一系列规矩。难怪他总是一副遗世独立的样子，原来这一切特殊的背后，都有合理的解释。长得帅就算了，竟然还是个学霸，他在我心里变得更耀眼了。

渐渐地，关于他的八卦也越来越多。从其他女同学绘声绘色的描述里，我对何在衡有了新的了解和认识。据说，他表面上看起来内敛高冷，实际上却是个花心大萝卜。我感觉这八卦的信息量太大了，简直难以置信，也分不清真假。但每当我想起他的名字，我心里就会升腾起一朵烟花；我在校园里遇见他一回，我的左心室就会经历一次微小的“爆炸”。

当时，我有一个小小的愿望，想去看看他的书桌到底长什么样子。有次晚自习的大课间，我和同桌商量好，一起偷跑到小白楼去看看。其实，小白楼离我们教学楼不远，但大家每天习惯了食堂、教室两点一线的学习生活，从未想过踏入小白楼半步。当然，也有可能是因为在潜意识中，觉得那是“火箭班”的圣地，即使没有守卫禁止出入，我们也会自觉止步，绕路而行。可这次，我太想进去看了。或许能和他偶遇呢？说干就干，对我们来说，20分钟的大课间足够我们去干一件大事了！

那天，我和同桌拉着手，结伴同行，手心紧张得有些微微出汗。我们走进小白楼后才发现，这些“火箭班”，一个班就独占一层楼。每层楼除了教室，还有实验室、自习室、阅览室、洗手间……看到这种与自己天差地别的待遇，我们相对无言，苦笑一番，转而继续寻找何在衡的身影。

可惜，我们几层楼都跑了个遍，就是没看到何在衡的身影，就这么一边寻找一边说笑。同桌抬手看了一下表，发现快到上课打铃的时间了，催促我下楼。于是，我们拔腿就跑，顺着楼梯一层层往下赶。

我跑在前面，一边跑，一边回头对同桌感叹：“今晚实在太可惜了，怎么专门来找他，就是找不到人呢？”正说着，我和一个正在上楼梯的男生撞到了一起。

我转过头看向他，他扶了一下我的胳膊，说了句“不好意思”，然后两步并作一步，匆匆上了楼。

我在慌乱中站定，同桌双眉上挑，眼里充满了惊喜。

“是何在衡！”我站在楼梯上振臂高呼，然后又赶紧看了看四周，害羞地捂住了嘴。

那晚跑回教学楼的路上，好像连风都是甜的。我和同桌一路嘻嘻哈哈，傻笑个不停。她说我得偿所愿，我则在脑海里一遍遍回放他那句“不好意思”。一切都太快了，太仓促了，我来不及听他的音色，也来不及近看他的眼睛，但这事让我傻乐了一整晚。

3

高三的节奏很紧张，新一轮月考成绩的波动，让我无暇顾及其他，开始专注最后的冲刺。当然，还有更深层的原因，那晚小白楼一游后，我意识到自己可能与他不会产生什么交集，所以何在衡就这样从我的生活里渐渐淡出了。

可没想到，高考结束后，我还会遇见何在衡。那天，我和朋友一起在宿舍收拾行李，准备离开校园。盛夏的早晨，我们靠在窗边叠着衣服聊天。窗外的天空湛蓝无比，大片大片的云朵低垂下来，阳光穿过高大的梧桐树，照在我们脸上。我们聊起高三的种种往事，不可避免地提起何在衡，还有那次“夜闯小白楼”的经历。不知道他考得怎么样？

我们说着，看到一男一女从学校大门走出去，在校外的马路上并肩漫步。男生穿着一件白色衬衣和一条牛仔裤，女生长得很漂亮。我定睛一看，竟然是何在衡。我指着他，对朋友说：“我知道他的名字，但从来没有主动跟他说过一句话……”

那一刻，我抬头看着窗外的天空，知道自己要离开这里了。关于高中，关于何在衡的所有，都将离我远去。

“我想大声喊一次他的名字！”我突然这样说。

朋友心领神会，说要帮我一起喊。于是，我们打开窗户，大声高呼：“何在衡——”喊完，他和一旁的女生愣住了，一同停下脚步回头看。

我们被吓得齐刷刷缩回脑袋，过了一会儿，又偷偷探出了头。此时，他还在原地徘徊。见状，我们又大喊一声：“何在衡——”

他继续四处张望，寻找声音来源，不时和一旁的女生讨论些什么，但目光始终没有停留在我们这里。

我和朋友似乎来了劲，反正他也不知道是谁在喊他，那就喊个够吧！我们越喊越开心，“何在衡——何在衡——”一遍又一遍。

毕业了，要走了，高中生活结束了，也许以后不会再见了。我们用力地呼喊，像是在用他的名字为自己的高中画上一个句号。

后来，听说何在衡定居加拿大了。这么多年过去了，不知道他是否还记得高考后的那个午后，他的名字响彻整个校园，我的呼喊热烈又纯粹。那里面，有“你好”，有“再见”。我把曾经深埋心底的烟花全都喊到白云之上，也许没人看得见，但我知道，它曾经那么美，照亮过我青春的日与夜。

当我们怀念夏天时，我们在怀念什么

✽猫哆哩

我的很多记忆都与夏天有关。

高三时会考结束提早下课的某天，我背着装满作业的书包穿过回家路上必经的小区，临街那栋楼前丁香花开得正好。我经过时，一楼的人家正在看《红楼梦》。

当下的季节、画面与声音造就了那个独有的瞬间，于是我停了下来，隔着玻璃看着探春远嫁前在海边的几次回眸。我无法说清为什么这个画面会带给我如此深的触动，也许是因为，探春的远嫁是大观园散尽的序曲，而入夏，在某种程度上也是我们离别的索引。我们与很多人相遇在某个时刻，又都在夏天里分别。

还记得大四毕业前的初夏，我和两个室友在校园里租了二手山地车，临时计划了一次富有冒险意味的城市骑行。我们从校门口出发，顺着歪歪扭扭的城中街巷穿梭，依次经过从前不曾到过的城市边角。我们扛车上天桥，再沿着两边杂草茂盛的小路上坡而行，然后把自行车锁在公园门口，从后门溜进文化公园。

夏天的感觉真好，海盗船旁孩子们的嬉笑声一阵又一阵，有人吹着气泡水从我们身旁走过，阳光下一串串彩色的气泡迅速膨胀又破裂。我们坐的摩天轮正缓缓升至最高点，游乐园全景尽收于眼底，那一刻天空很近很近，忧虑很远很远。

专业答辩的前一晚，我和室友在宿舍楼下复印店打印好论文后去操场散步，刚好碰到学校吉他社招新。一个男生站在昏暗的路灯下弹唱丢火车乐队的《晚安》，我和室友不由自主地停下来，安静地听完了整首歌。当时我并不知道那首歌的名字，那晚宿舍熄灯后，我戴上耳机打开音乐软件，凭着对歌词的记忆一首首搜索，终于找到了它。

与夏天有关的点滴，总会在漫长的人生经历中留下浓墨重彩的一笔。那些瞬间是我记忆收藏夹里的宝贝，每当感到痛苦不堪时，我总会将它们唤醒，再回顾一遍那些时刻中曾真切体会到的愉悦与轻松。

当我怀念夏天时，我怀念的是疲惫日子里得以喘口气的轻松，和那些逐渐被我抛在身后的美好时光。在白昼渐短的日子里，我时常会想起那个男生唱的那首歌，和那些我曾拥有过的平凡又闪亮的瞬间。

他唱着："晚安，愿长夜无梦，在所有夜晚安眠；晚安，望路途遥远，都有人陪伴身边。我们离开荒芜的绿洲，回到没有阳光的白昼，你醒了，尽管我所有的美梦都没做完。"

我想给你全部的温暖

吴梦莉

1

是在教室后面的墙壁上看到这样的句子的：“我想给你全部的温暖。”

石灰刷白的墙壁上，字体娟秀，笔迹陈旧，可以猜想出它的主人应该是个内心柔软的少女，是笑起来会让人想起草莓味道的水果糖那种。我盯着这句话看了很久，久到眼睛被墙壁的惨白色刺痛，才慢吞吞地把视线转移到墙上斑驳的灰色脚印和地上到刚刚发下来的五十六分的物理试卷上——从上节课被老师调到最后一排开始，我的人生便成为一块坏掉的钟表，“咔哒”作响，毫无意义。

“要是，没有高考就好了……”会在日记本里用这种假设句式的自己，难过的心情仿若一场席卷十八岁的风暴，让人根本看不到可能会拥有晴空的未来……

要怎么说呢，市一中教室的最后一排是大家避之唯恐不及的地带，那些让老师觉得头疼的学生，那些让人觉得不可能有希望上大学的家伙，统统会被“发配”到这里，然后彼此井水不犯河水，安安稳稳地度过高三这一年。“只是远远看过来，都会觉得我们这里散发着浓郁的颓废气息，这是黑气，也是结界。”坐我旁边的小茧一边看小说一边说出这样一本正经的话来，而我能做的只是默默地听完，然后在新发下的卷子上画上大大的哆啦 A 梦。

即使是现在的我，也还能够清晰记得那时候的绝望。周围所有的大人都在耳提面命地要求我们考上大学，认识的所有同龄人都在义无反顾地挤那座“独木桥”，而自己想知道的为什么是被海绵吸收了的一滴水珠，连丝毫声响都未能发出，人便只能又委屈又迷茫地跟上大家的脚步，然后在一次次的跌倒中丧失重新站起的勇气……哪怕心底满满都是不甘心。

如果人生真的有某种意义的话，那么请告诉我吧，一点点也可以，让我能够意识到自己的存在并不是没有价值的！在那些无法成眠的夜里，我的确是这样卑微地，一遍一遍地祈求着的。

2

在写下“我想给你全部的温暖”的时候，那个女生在想什么呢?

我有很长一段时间都在苦恼这个问题。毕竟坐在最后一排的大家都一样，不甘心却无可奈何，自诩不凡却平庸到无法辨识，明明是作为这样的矛盾体存在着的，她凭什么会觉得自己有能力去给予别人温暖呢? 这样的疑惑混合成化学课上均匀绵长的呼吸，等我揉着眼睛醒来的时候，小茧已经迫不及待地塞给我一只耳机，要一起看新电影了。

电影说不上长，讲的是普通的男孩和女孩的故事，飘落的樱花，长长的铁轨，成长和孤独……是再普通不过的文艺片，只是在故事的最后，男主角哽咽着说出了这样的台词：“……哪怕是一个人也好啊，为什么我无法令任何人感到更加幸福一点呢……”心底有块地方被猛地抓住，一瞬间好像有液体要从眼眶流出，又好像干涩得什么也没有，然后我听到了小茧的啜泣声。

细微的，尖锐的，一下一下好像深秋夜里的急雨。我看见她把脸埋在课桌上，肩膀耸动，哭得像弄丢了心爱玩具的小孩，我一时间竟然不知道说什么才好，只能笨拙地抱住她，喃喃道：“不哭了，会好的，真的，这一切都会好的……”却不知道是在骗她还是在骗自己。

“橙子，我们不能再这么下去了……”小茧闷闷开口，我看着她通红的眼眶也只能点头：我们都痛恨过毫无作为的过去，也憧憬过呼风唤雨的未来，但是啊，过去也好，未来也罢，都是如此虚妄的存在，我们所能被赐予的，只有今天而已！哪怕只有一秒钟也可以，我们也想让他人因为我们而感到幸福啊！

我和小茧开始好好学习了。

数学题不会做就去背后面的答案，物理题看不懂就去翻例题，生物化学都是咬着笔头一点点写下去的；很多人都搞不懂我们这是在闹哪出，也有很多人在等着看笑话，连老师都断言我们只是三分钟热度……但是，高三的最后几个月，我没有坐着听过一节课，全部是站着听下去的，理由仅仅是这样不会睡着而已。

《守护甜心》里抚子说：“我以为男孩子不能跳好和舞，其实只是我不敢而已。”同样，我和小茧都曾以为最后一排是无法学好的，其实也只不过是我们不敢而已，我们都恐惧着未知的未来。只有这次，我们赌上了全部，试图创造一个明亮温暖的未来。

而我相信我们会成功的。

3

有很多故事，讲到这里，其实已经不必再提。

高考前的最后几次联考，我和小茧的成绩已经不用再坐最后一排，可是谁也没有走。我们给老师的官方理由是“在最后一排站起来听课不会影响大家”，但事实却是，我们想要证明坐在最后一排的我们可以走到哪一步，想要看看这样不被看好的我们可以创造出怎样的未来。

小茧曾忍不住感叹："没想到我们两个还有在一起讨论学习的一天！"那时候我本来正在和她为一道题选A还是选C争得面红耳赤，然后因为这样的一句话微微怔神，扭头的时候看见窗外有鸟雀一掠而过，心情忽然柔软成乳白色的棉花糖：距离高考也不过只有三十几天了。

在每个觉得坚持不下去的时刻，在每个难以成眠的夜晚，我都会想起后墙上那句话——"我想给你全部的温暖"，也开始慢慢体会到女孩写下这句话时的心情：应该有浅浅的不甘心吧，坐在最后一排的我们都是被否定掉意义的存在，是一边迷茫着一边走到这一步的家伙，但是啊，就算收到那么多张写着"NO"的卡片，我们还是想要努力成为让他人觉得温暖的孩子啊，是哪怕找不到人生的意义也想要给予全部温暖的人啊！

高考前一天，学校放假。小茧拉着我去爬山，两个人气喘吁吁地爬到山顶，累得几乎瘫倒，只能躺在地上看着斑驳的树影大笑，笑着笑着有眼泪流出，然后我听见小茧哽咽着说："橙子，许个愿吧……我奶奶说这山上有山神的。"风吹树吟，有不认识的鸟雀婉转啼鸣，整个世界幻化为沉静的绿，而我终于泣不成声——想要抵达的未来是哪里？想要遇见的人是谁？想要履行的约定是什么？好像这所有的疑惑都在瞬间变得无足轻重起来，我们已奔跑太久，已精疲力尽，剩下的答案是大人们的名言："人事已尽，只待天命。"

我们都不会再后悔了。

4

写这篇文章前，我给小茧发消息，问她那天许下的愿望是什么。很久以后她才回复答案："我想要成为有能力让他人觉得幸福的人。"我在电脑这端可以想象到她翘起一边嘴角，眼底熠熠生辉的样子，像高三那年一样，像每个努力的孩子一样。

高考成绩出来后，考上一本大学的我和小茧便被学校立为后进生的典型，班主任甚至在毕业聚会上指着我们两个人说："你们两个孩子挺聪明的，要是再早些努力就好了……再早些努力的话分数一定更高些……"我微笑着附和老师说些漂亮话，然后握着小茧的手便被重重捏了一下，一扭头，看见她孩子气的笑容和"才怪"的口型。

嗯，我想班主任还是不够了解我们。正因为是坐在最后一排的不被期待的我们，正因为是连自己也几乎不怀期待的我们，我和小茧才能这样一边动摇一边咬牙走到眼下的这一步，毕竟，只有被否定的家伙才会在意自己的价值吧。而且真的说起来，我们只是继承学姐的"遗志"的家伙而已——无论如何，可以给别人全部温暖的人，都不可能太差劲啊！

其实直到现在，我们也还是不明白什么样的行为才能令人感到温暖，但是那有什么关系呢？青川白水，斗转星移，问题的答案还有一辈子的时间去追寻，而我们都在各自的人生里，用独属于自己的方式努力着，努力到未来可以自信地告诉那个人："我想给你全部的温暖。"

这样便很好了。

她的山她的海

少年灌风的校服，裹着我整个青春里最盛大的秘密。

✽谢 衿

雾慢了风景

她根本不喜欢去升旗出风头，
她只是想和梁景煦站在一起。

1

“月考的年级大榜出来啦！”

正是课间，随着走廊上一声由远及近的呼喊，四班的同学纷纷起身，班长刚从教室前门蹿进来，就被人潮围了个严实。

梁景煦坐在教室靠窗的最后一排，闻言看向前面的女生：“赌什么？”

许雾从书里抬头：“一罐可乐。”

“行。”梁景煦答应得爽快，许雾转过头去申明：“是全班同学，每人一罐可乐。”

众人闻言一片欢呼，皆是看热闹的神情，梁景煦咧嘴一笑，朝着许雾点头致谢：“劳许同学破费了，我替大家说声谢谢。”

语气姿态之欠揍，瞬间让许雾握紧了拳头。

“我宣布，本次期中考许雾同学642分，梁景煦同学——”那头班长拔高了音调宣布，“也是 642 分，你俩并列年级第一。”

话音刚落下，教室便陷入一片死寂，众人都面面相觑，连两位当事人也不例外。许雾半张着嘴巴，梁景煦一动不动，两人都有些茫然。

梁景煦的同桌谢聿从后门走进来，摇头感叹：“你俩真是孽缘不浅。”

有人打破了尴尬，其他人便开始起哄：“那这怎么算？平手？”

“我看要不两个都请？”

教室里瞬间闹哄哄的，梁景煦瞧了许雾一眼，眼中浮现一抹戏谑：“我输了，请大家喝可乐。”

话毕他起身出了教室，双手插进校服裤兜里，慢悠悠地踱步出了门，别人眼里玉树临风风度翩翩的少年，许雾却只觉得欠揍，把手里的书一放，跟着出了教室。

追到小卖部的时候，老板刚给梁景煦搬出两箱可口可乐，许雾一把按住他付钱的手：“我们考一样的分数，你认输是觉得我不配跟你并列第一吗？”

梁景煦毫无诚意地敷衍：“你听错了，我说的是考第一很高兴，请大家喝可乐。”

“梁景煦，你当我傻吗？”

梁景煦瞧着她气鼓鼓的模样，偏着头笑：“那要不你请大家喝？”

许雾不服：“凭什么？我是分比你低了还是名次比你差了？凭什么我请客？”

“那你想怎么样？”

旁边的老板听着两人的对话，热情给出建议：“那就你俩一起买啊！”

许雾刚想骂人，就被梁景煦一把捂住了嘴：“好主意，可乐再来两箱！”

等许雾挣脱梁景煦的魔爪，老板已经欢天喜地地搬可乐去了，她瞪向梁景煦：“你是老板请的托吧？”

梁景煦故作淡定地偏头，可勾起的嘴角早已暴露他的坏心思。许雾低头瞧见他脚上雪白的球鞋，忽然仰头冲着梁景煦温柔一笑，梁景煦只觉得“毛骨悚然”，还未反应过来，许雾已经狠狠踩上他的右脚。

看梁景煦疼得龇牙咧嘴，许雾满意地笑起来，朝着老板道：“我要百事可乐。”

反正不要跟梁景煦一样！

2

许雾和梁景煦是典型的青梅竹马。

两家父母是大学同学，毕业后凑在一起，住了个对门。许雾和梁景煦从记事起就认识了，一块长大，难免被放在一起比较，他们便总是相互较劲。

年级大榜晚上才传到许雾手上，她借着自习课，一科科对比自己和梁景煦的成绩，如往常一样，数理化依旧是自己的短板，梁景煦背书不行，政治和历史失分太多，自己才勉强和他打了个平手。

许雾将下巴搭在桌沿，满是郁闷地盯着成绩单，哪怕分数名次一样，梁景煦都占了姓氏字母靠前的便宜，排在她前头。

下晚自习有一会儿了，走廊里偶尔传来学生的嬉闹声，原本埋头做题的梁景煦听到许雾的叹气声抬头看了一眼，见小姑娘毫无形象地趴在桌沿上，没忍住笑了一下，温声道：“马上，这道题做完就走。”

他们两家住对门，便结伴上下学，而梁景煦在物理上天赋异禀，尽管才高一，却已经是学校出征物理竞赛的主力，下周还要去集训，最近一直在刷题。

许雾回头看着梁景煦："下周开始集训，期末你还回来考试吗？"

"已经和学校申请了免考。"梁景煦抬头时眼中满是笑意，"山中无老虎，由你这位猴子称一回大王。"

许雾一巴掌扇过去，梁景煦偏头躲过攻击，赔笑服软："不闹了，回家。"

梁景煦开始收拾东西，许雾没打到人颇为遗憾，正琢磨着要怎么坑梁景煦一把，忽然瞧见梁景煦压在试卷底下的文理分科表，理科那一栏上画了个大大的钩。

"你要读理科吗？"

许雾刚问出口就想咬了自己的舌头，梁景煦却是想也不想地回："你要读文科？"

他们俩从小到大都在一个学校一个班，虽然总是吵吵闹闹的，但好像也习惯了对方的形影不离。高一结束，马上就是文理分科，按照梁景煦的成绩，他肯定是要读理科的，可许雾不擅长数理化，父母、老师都觉得她更适合文科。

许雾一时没有应声，教室里的白炽灯温暖而明亮，照得她眼底的无措与茫然格外明显，梁景煦像是回过神来，道："也是，你那个物理分数，不适合理科。"

谁都可以说许雾不行，唯独梁景煦不可以。许雾瞬间较上了劲儿："那我还就偏要读理科给你看。"

许雾说这话就是一时口快强撑面子，偏偏梁景煦真诚地"火上浇油"："别了吧，你真不适合理科，你再好好想想……"

正说着，梁景煦就觉得左脚被人踩了一下，对面的许雾道："闭嘴吧，你！"

刚买的新鞋，一天之内被盖了两个戳，梁景煦心痛得难以呼吸。

许雾赶在他发火之前转身跑了，梁景煦追上去，两个人闹了一路，到家门口时皆是满头大汗，许雾靠在墙上摆手："休战，明天再说！"

见梁景煦没意见，她才从兜里掏钥匙去开门，钥匙插进锁孔的一瞬间，身后的梁景煦突然开口："许雾，你真的比较适合读文科。"

钥匙"咔嗒"一声开了锁，防盗门打开，许雾回头迎上梁景煦的目光，楼道里昏黄的灯光映衬着男孩子眼里的真诚，许雾突然不知道该怎么开口。

她知道她适合文科，可是她不想。

3

第二天是周五，上午上完课，下午是学校两个月一次的校外实践活动。

他们班抽到的是参观热带植物园，老师交代完注意事项放他们自由活动，梁景煦兴致勃勃地拉着许雾在场馆里合照。

许雾本就因为文理分科的事郁闷，偏偏梁景煦还絮絮叨叨嫌弃她姿势摆得不好，弄得许雾越发烦躁："你有完没完？"

"记录生活嘛。"

梁景煦说着又抓起许雾的手摆姿势，见许雾还是没兴致，眼底闪过一抹坏笑，趁她不注意，将她垂下的手指凑到旁边的一株含羞草上，那草瞬间将她的手指裹住了。

奇异的触感吓得许雾一个激灵，喊叫着躲开，梁景煦在一旁哈哈大笑，许雾反应过来后气得不行，梁景煦转头逃跑，却顾忌老师的话不敢在场馆里横冲直撞，没多久就被许雾抓住了，两人吵闹间跑到了一处没人的地方，呼吸间尽是一股子怪味。

许雾皱了皱眉："什么味道？"

梁景煦环视一圈，说："是蓝桉树。"

许雾顺着梁景煦的视线看过去，入目是一排笔直的树干，泛着蓝灰色，冠形美观，枝条红色。越是靠近，那股味道越明显。

梁景煦拿起相机拍了好几张照片，才慢悠悠开口："这种树叫蓝桉，生性霸道，它的毒会杀死身边所有的动植物，只有一种叫红嘴蓝鹊的鸟能栖息在它的树枝上。"

许雾茫然地眨巴着眼睛，不明白他为什么突然开始做科普："所以呢？"

"所以蓝桉树的花语是'我的温柔，只对你一人'。"

梁景煦说着又专注地拍起照来，许雾耳边却只剩下那句温柔又独特的花语在不断回响。

参观结束，学生们原地解散放了周末，场馆离家不远，许雾和梁景煦便舍弃了公交走路回家。

梁景煦一路上都在摆弄相机，许雾慢吞吞地跟了一路，在快要到家时终于下定了决心，从书包里翻出那张文理分科表。

许父倡导开明教育，况且综合现实情况来讲，理科未来发展的选择范围要比文科大，许雾语数英都很优秀，只是物理和化学不太好，于是许父提前在家长意见那一栏签了字，让许雾自己做主。

许雾在理科那一栏上打了钩，才喊住梁景煦，见他转身，举起文理分科表道："我想好了，我读理科。"

梁景煦愣了一下，眼神中满是无奈，他从书包里翻出自己的文理分科表，走近道："我明天就出发去集训了，我的你帮我交一下。"

等许雾接过，他又从书包里翻出一张空白的，眼神认真："我跟老师又要了一张空白表，这不是简单的选择题，错了可没有再来一次的机会，你别为了和我置气做出让自己后悔的决定，要想清楚。"

夕阳西斜，橘红色的光芒洒在两人身上，少年英姿挺拔，书包挂在一边肩膀上，偏着头朝她笑得自信又笃定。

那个场景，许雾记了好久好久。

4

许雾还是选了理科。

那张空白的文理分科表被她夹在了课外书里，她会因为不服输和梁景煦针锋相对，却不会因为赌气做出对自己不利的选择，她适合文科，并不代表她学不好理科。

十六岁的许雾，身上充满了韧劲和骄傲，总觉得自己什么都能做好。

梁景煦一整个暑假都在集训和竞赛，等捧着奖杯和荣誉归来，高二已经过去大半个月。尽管落下大半个月课程，在高二的第一次月考中，他仍旧拿了年级第一。

反观许雾，没有了文科的加分项，一下子退步到年级第十二。

分班后不少同学读了文科，梁景煦的同桌谢聿也转学离开，新同学进来后班主任重新排了座位，梁景煦和许雾被安排坐在了一起。

察觉到许雾的不开心，梁景煦起身出了教室，直到上课才踩着铃声回来，坐下时往许雾桌上放了一袋糖和一罐可乐。

许雾低头嘀咕，梁景煦没听清，见她盯着那张物理卷子，又道："别灰心，你就是物理差点儿，等我帮你补习一下，下次争取考个年级第二。"

许雾想问为什么不是年级第一，对上梁景煦的目光识趣地闭了嘴，可梁景煦偏偏猜到了，自恋道："第一就别想了，毕竟哥是你逾越不了的高山。"

然而，让许雾情绪不好的第二件事，很快到来。

昭川一中每月的升旗仪式喜欢让各年级第一当升旗手，当许雾迎着清晨的太阳，瞧着梁景煦和文科第一的季雨然一起站在升旗台上时，只觉得刺眼至极。

偏偏梁景煦看不懂许雾的脸色，结束后还跑到她面前嘚瑟："我刚才帅不帅？"

许雾懒得理他，转身要走却被梁景煦手欠地揪了一下头发，她转身想打他，结果看到了那位文科第一。

梁景煦自然也瞧见了，幽幽道："看看人家多温柔。"

许雾一个眼刀甩过去，梁景煦丝毫不怵："瞪什么瞪？我说的难道不是事实？人家性格好、脾气好，长得也好，连学习都比你好！"

"我要是读了文科，第一肯定是我！"许雾似是愤怒，又似是委屈，"上去升旗的也是我。"

梁景煦见她生气了，频频点头，看似满脸诚恳，实则敷衍至极，许雾有气没处发，简直要被他气死。

等升旗又轮到高二年级时，梁景煦依然是第一，班主任交代他去升旗台报到，他却举着学生会的袖章拒绝："老师，今天学生会轮到我值勤，升不了旗了，让许雾去吧。"

上次月考成绩虽然让许雾郁闷，却激起了她的斗志，花了更多的时间和精力去研究自己不擅长的科目，加上梁景煦时不时给她辅导讲题，许雾成绩稳步提高，升旗也不是什么大事，班主任便点头同意了。

梁景煦看向许雾，满是得意："上次不是想升旗吗？这差事让给你了。"

许雾哑然失笑又满心感动，然而等站在升旗台上，瞧着对面文科第一也换了个人时，她又觉得自己错了。学生会值勤要检查学生穿校服的情况，还要维护升旗时的纪律，可以各处走动，而梁景煦就站在文科班后面，和季雨然谈笑风生。

升旗结束，许雾回到教室的时候，梁景煦已经在座位上了，而她的桌上放了一罐百事可乐。

许雾冷着脸将可乐推回去，梁景煦愣了一下，依旧嬉皮笑脸："谁又惹你了？最爱的百事都不要了？"

"我不喜欢喝百事可乐。"

"你又发什么脾气？"

语气像许雾在无理取闹，许雾也的确在无理取闹，她喊了起来："我说了我不喜欢！"

教室里的人纷纷看过来，许雾发完了脾气，转过头不肯说话了。

她一点儿也不喜欢百事可乐，她只是在赌气，所以要选和梁景煦不一样的。

就像她根本不喜欢去升旗出风头，她只是想和梁景煦站在一起。

可梁景煦什么都不懂。

5

两人开始冷战，谁也不理谁。

没过几天，学校公布了全国青少年英语竞赛的报名信息，鼓励学生参加，许雾和梁景煦都报了名。

作为全国性的比赛，初赛是以省为单位组织的，全省前五十名的选手才有资格进入复试。昭川一中对此颇为看重，在比赛之前还抽调老师组织了赛前培训班。

培训的时候，老师要求同学两两组队练习口语，许雾第一时间想去找梁景煦，又想起两人还在吵架，正纠结着就听见坐她身后的梁景煦问季雨然："季雨然，那我们俩一组吧？"

许雾手里的笔在纸上戳出一个大洞。

培训结束得早，还没到学校正常放学时间，一群人跑去外面的小饭店凑了个桌，许雾还生着闷气，故意坐到了梁景煦对面。

许雾从小爱吃辣，菜上来的时候，几个男生绅士地起来接菜、摆菜，梁景煦挑着将几道辣菜尽数放在了许雾面前。见他还记得自己的口味，许雾心里一暖，抬头对着梁景煦笑了一下，梁景煦愣了愣，随即反应过来许雾不生气了，也回以一笑。

紧接着，许雾又听见梁景煦对老板道："有人吃不了辣，再上两个不辣的菜吧。"

等开始吃饭，许雾才知道这个"有人"指的是季雨然。

满心欢喜瞬间被泼了冷水，许雾脸上的表情都不知道该怎么做，偏偏梁景煦毫无察觉，只觉得许雾笑了便是和解，而且记吃不记打，也不好奇许雾为什么生气。她最近总是因为一些小事闹脾气。

培训课程开始后，许雾和季雨然的交集渐渐多了起来。季雨然长得漂亮却不张扬，性格不算活泼却温柔大方，遇事宠辱不惊，沉着淡定。

有时候许雾和梁景煦斗起嘴来，季雨然也不会自以为是地插话劝解，反而是笑眯眯地看着他们吵完，然后感叹一句："你们俩感情可真好。"

没多久，三个人就成了好朋友。

初赛的前一天，培训老师提前下课，让他们放松心情调整状态，三个人也想放松一下，转悠着去了离学校不远的湿地公园。

时值盛夏，公园里绿树成荫，三人站在湖边说着话，没注意到后面一个滑滑板的少年不慎跌下滑板，落地后没止住惯性，向他们冲了过来，被撞到的许雾伸手一抓，竟将旁边的季雨然拉下了水。

公园里湖水不深，许雾幼时也是学过游泳的，可是惊吓中所有技巧都忘了，挣扎间呛了好几口水。许雾瞧见梁景煦跳下来，希望刚刚燃起便见他毫不犹豫游向了季雨然，挣扎中脚底一滑，湖水没过头顶，所有意识都消失了，只有梁景煦撇下她的那个画面，在脑海中不断回放。

直到被送到医院，许雾才慢慢冷静下来。搭救及时，她们只是呛了几口水并无大碍，只是季雨然不会水，比许雾要严重一些。

护士给许雾拿了几条毛巾，她抱着回去的时候，听到梁景煦大大咧咧的声音：“她没事，小时候学游泳学得可好了，倒是你……”

后面的话再也听不下去，明知道他没有别的意思，许雾还是控制不住地难过，她是会游泳，可她也会害怕的啊。

许雾忽然想起某次她和梁景煦斗嘴吵架，她说不过气得眼眶都憋红了，季雨然破天荒地插了句嘴，却是站在她这一边让梁景煦道歉。

梁景煦听了季雨然的话，说：“行吧，我道歉。”

许雾还不知道自己算不算胜利，梁景煦又加了一句：“看你是个小姑娘，不和你计较。”

看她是小姑娘，所以让着她。

许雾忽然想，梁景煦对她的温柔与包容，是不是从一开始，她就理解错了意思。

有危险的时候，他选择救季雨然，是那个情况下最正确的选择，他也没有做错，只是恰到好处地证明了，许雾在他眼里并不是最特别的那个人。

6

许雾落水后发挥失常，连初赛都没通过。反倒是落水受了惊吓，第二天还发着烧的季雨然和梁景煦一起通过了初赛。

全省前五十名的名单发布，消息传到学校后众人艳羡不已，而许雾瞧着新一次的月考成绩沉默了，因为准备英语竞赛耗费了太多精力，她的成绩又退步到年级前十开外了，而季雨然和梁景煦，各自依旧是文理科第一。

梁景煦打发了周围一群让他请客的损友，看到沉默的许雾，正想安慰几句，许雾却忽然道：“恭喜啊，好好准备复赛吧。”

短短的一句话让梁景煦睁圆了眼睛，以前的许雾哪里会跟他说恭喜，每一次都是不服输地憋着一股劲儿要超过他，可这话又不像是讽刺，是最真诚的祝愿。梁景煦还想说点儿什么，许雾已经写起了卷子。

通过初赛后没几天，季雨然和梁景煦便去参加集训了，两人一路过关斩将，都在决赛中拿了一等奖，回到学校那天正好是周五，两人跑来找许雾一起去庆祝。

“我不去了，晚上还有事。”

许父许母对许雾没有那么高的要求，许雾的骄傲却不允许自己失败，她找了一个同学请她帮忙一对一补习，将自己的休息时间安排得满满当当。

她本能地不想让梁景煦知晓，可说不出理由，梁景煦又不放她走，争执间，与许雾约好的同学在教室外面没等到许雾，找到班级里来了。

许雾说不清那是什么感觉，只觉得自己小心翼翼捧在手心的自尊，被人一撞碎落开来，暴露在众目睽睽之下。

谁都没有错，她谁也不能怪罪，只能在梁景煦和季雨然面前强颜欢笑，然后逃之夭夭。

许雾回到家已经十一点多，刚到家门口就瞧见了一摞辅导书，最上面是两本笔记，许雾只看了一眼，便将书扔回了对门门口。

刚一转身，一直在猫眼里默默看着的梁景煦便耐不住性子开门道："这可是特地给你买的。"

许雾满心疲惫，不想和他纠缠，淡淡道："不用了。"

梁景煦抱起书一把拉住许雾："我和季雨然挑了一下午，你好歹看看嘛，还有这两本笔记，我辛辛苦苦写的呢。"

无力感和难过瞬间席卷了许雾，她到底是有多没用，需要一个文科生来帮她挑资料？

许雾一挥手："我说了，我不需要。"

梁景煦没防备，资料落了一地，许雾说完才看到站在梁景煦身后的季雨然正无措地瞧着他们。梁景煦感到莫名其妙："你发什么脾气？"

"我是学不好，我是没用，我是不如你们，可我也不需要你们的可怜，不要你们一遍一遍地提醒我，我和你们比起来有多差。"

许雾一股脑地将所有埋在心里的刺尽数拔出来，明明知道他们是关心自己，是为了自己好，可还是委屈、难过，觉得受到了屈辱，曾经那么骄傲的许雾像是被拔了牙的老虎，只能虚张声势。

她说完也不管两个人是什么表情，开门进屋。

第二天许雾就和老师申请换了座位，原先梁景煦只觉得许雾是发脾气，过两天就好了，可是后来许雾在学校里和他装陌生人，路上遇到了装看不见。有好几次，梁景煦都想上去和许雾说话，可许雾远远看到他就躲开了。

反复几次，梁景煦也没了耐心，他的骄傲不比许雾少，况且他又没做错什么。

梁景煦在赌气，许雾却是害怕，她误以为的两心欢喜，倘若只是她的一厢情愿呢？已经飞蛾扑火似的选了一回理科，为此付出了几倍的心力与精神来弥补，那下一次呢？还有补救的余地吗？

她不敢赌了。

蓝桉树的花语是"我的温柔，只对你一人"，可这世上的蓝桉树不止一棵，红嘴蓝鹊也有很多，鸟儿可以在任意一棵蓝桉树上休息，蓝桉树也同样可以接受所有的红嘴蓝鹊。

许雾之于梁景煦，或许特别，却不是唯一的温柔。

7

许雾和梁景煦再说上话，已经是大学的第二年。

那年闹翻后，随之而来的便是高三，繁重的课业让许雾无暇他顾。高考结束后，外婆生了一场大病，许雾便回老家陪了一整个假期。大学开学后，梁景煦去了北方，许雾则去了南方，假期她回家的时候，梁景煦和同学去旅游了，梁景煦回家的时候，她和同学在兼职体验生活，加上外婆身体越发不好，许父许母平时工作又忙，许家过年都在老家陪老人，她与梁景煦竟是一面也没碰上。

大二寒假，许雾应舍友之邀去东北玩了几天，临走时舍友给她准备了一大箱土特产，结果回家时不巧，一整栋楼的电梯都坏了。

许雾正要认命爬楼梯，身后忽然传来一声询问："要帮忙吗？"

一回头，瞧见了拎着酱油的梁景煦，他的头发比高中时长了些，穿着黑色的大衣，正微笑着瞧她。

梁景煦走近将手里的酱油递给她，许雾接过来塞进自己的包里，又拉着要去抱箱子的梁景煦，终于说出了话："挺重的，我和你一起吧。"

语声发颤，细听还有些干涩。

梁景煦见她坚持，点头答应。

舍友怕东西太多许雾抬不动，用的是收纳箱，底下有滑轮，两边都有方便提的把手。两个人一起往楼上走，安安稳稳上了两层后，两人的步调就有些不一致了，许雾几次被箱子撞到了小腿。

"你能不能走快一点儿？咱俩保持平行。"

梁景煦回嘴："我走的是外圈，你在内圈，应该你慢一点儿。"

许雾想也不想，几乎是本能地回道："你不是老说自己人高腿长吗？怎么？现在腿不够用了？"

熟稔的挖苦让梁景煦愣了一瞬，一时间没接上话，许雾抬头瞧见梁景煦的表情，也跟着一愣。

自那年闹翻开始，这是两人第一次说上话，原来习惯真的是很可怕的东西。

许雾憋了半晌："那我走慢一点儿吧。"

"没事，我也可以走快一点儿的。"

两人安安稳稳将箱子抬到了家门口，许雾归还了梁景煦的酱油，手心居然在冒汗："今天谢谢你啊。"

梁景煦闻言面上有些怔忡，以前的许雾大大咧咧，指使他做这做那时从来不会说谢谢，说出"不客气"的时候，他自己都觉得好笑又荒谬。

眼看着许雾打开门要进去，梁景煦忽然又喊住她："许雾。"

等许雾转身看他，他又不知道要说什么。

想说"我和季雨然就是普通朋友，是谢聿转学后托我照顾她的"，可又觉得这个解释自作多情；想说"我们不吵架了好不好，还像以前一样"，可细细想来，他们那年好像并没有吵架到老死不相往来。

张了好几次嘴，他最终什么都没有说出来。许雾能猜到梁景煦想说什么，却也只是攥紧了衣角一言不发。有人说，人生最好的三个词是失而复得、久别重逢、虚惊一场，唯独没有一个词叫和好如初，和好容易，可如初多难啊。

许雾静静地看着梁景煦，看着他从茫然到纠结，从失落到平静，看着他找出"前几天班长在群里组织同学聚会，我看你一直没回消息，告诉你一声"的蹩脚借口。

她也不拆穿，只是微笑着应答："好啊，到时候一起去。"

8

那一晚，许雾破天荒地失眠了。

无聊的她开始翻书架上的书，意外瞧见了高一那年她夹在书里的那张空白文理分科表。

其实也不算是空白的，学校大概是

为了仪式感，在表格最后加了一栏选填项目——梦想。

而这张文理分科表上，也只填了这一栏，上面端端正正地写着“梁景煦”三个大字。

许雾想起那年从热带植物园出来后，她满心欢喜地告诉梁景煦自己要学理科，哪怕他重新给了她一张空白表，她也下定了决心要读理科，只是回家面对父母时，多少有些惴惴不安。

许父没说什么，倒是许母沉默许久，最后叹了口气:“算了，你现在年少不知事，到以后总归会明白，有时候合适比喜欢更重要。”

许雾那时执拗地觉得自己一定不会后悔，当然现在她也不后悔选了理科，她只是忽然觉得许母说得很对。

纵观她和梁景煦这些年，他们或许更适合做朋友。他们同样要强，同样骄傲，过分的针锋相对只会让人心生疲惫，靠得近了还会刺得对方满身伤痕。

又过了两年，同样是冬天。

许雾辞职后在家窝了大半个月，被许母撵出去散步呼吸新鲜空气，她在小区里转了一圈，回去时遇见了梁景煦和一个女孩子，两人手里都提着购物袋，似是刚从超市里出来。

“刚刚那个女孩是谁？”

女孩子的声音娇媚而清脆，带着质问的口吻，梁景煦似乎是笑了：“我不认识她啊。”

“不认识你还加她微信？”

“她现金没带够，我帮她付了钱，加微信是为了方便她还钱。”

“那她手机里没钱吗？还要你帮她付！”

梁景煦的表情凝固了一瞬，有些茫然：“我也不知道啊。”

女孩子更生气了：“她就是故意想加你微信的！在超市里她还跟你搭话，我都看见了！”

“那是她够不着货架顶层的东西，让我帮忙拿一下。”

“为什么要你拿？旁边没有售货员吗？”

……

女孩子一句接一句地质问，梁景煦却始终微笑着应答，脸上没有半点儿不耐烦，眼底反而是浓浓的宠溺。

许雾远远瞧着，忽然想起那些年自己的难过和生气总是藏着掖着，骄傲地端着架子让梁景煦去猜，他应该也很累吧。

倘若自己也能将不开心的事情坦坦荡荡地说出口，大概也能得到温柔的回应与解释。

可终究是没有机会了。

曾经的许雾太骄傲，不愿意付出，后来的许雾怕受伤，缩在壳里不敢冒头，但所幸她丢失的那棵蓝桉树，还是等到了愿意为他停留的红嘴蓝鹊。

那只鸟儿足够爱他，也足够勇敢和自信，一定会陪他很久很久。

许雾慢慢笑起来，她没有遗憾了。

大雪下了好多天，不经意间抬头，太阳已经从云层后面露出了脸。

冰雪消融，万物复苏，来年一定好风景。

离别诗

✲方栀柒

高一最后一次考试前，李今注意到，教室外的那棵香樟树萌发了新叶。

黄褐色的老叶和浅绿色的新叶同时存在，它在夏日悄悄完成了一次新生更迭。

1

一场大雨忽然落了下来。

教室走廊挤满了没有带伞的同学，李今想着苦等也没有用，她干脆往教室走，准备再研究一下刚才搁置的数学题。可还没退出人群，她的手里就被塞了一把伞。

后桌的沈确不知道从哪里冒了出来，留下一句“你用”就冲进了大雨里。李今来不及说一句拒绝的话，只能看着他的背影远去。

下午上课时，沈确已经换了一身衣服，李今知道他的性子，但还是说了声谢谢。

“这有什么，反正上午打篮球出了一身汗，正好洗个澡。”沈确果然不在意，转头就和其他人猜测这场雨会持续多久，下午是否还有机会去球场比一场。

因为这场大雨，空气中全是湿漉漉的水汽，五颜六色的伞挂在教室外的窗沿。李今的伞和沈确的放在一起，看似泾渭分明，滴下的水却早已汇聚在一起。

李今偶尔会想，她和沈确性格不同，

爱好不同，怎么会成为朋友。也许，是因为他们来自同一所初中，又在高中成为同学；也许，是因为沈确终日像个小太阳，没有人能拒绝他友善地靠近。

2

傍晚，雨过天晴，一道彩虹出现在教学楼上方。

李今混在人群里，静静地数着彩虹的颜色。带着湿气的热风轻轻吹着，熙攘的吵闹声中，香樟树的叶子正在沙沙作响。

上课前，有人对着彩虹大声许愿："要是不考试直接放假就好了。"

嬉闹声渐起。李今也忍不住想，要是不考试、不分班就好了。她和班上大多数同学不算熟悉，但好歹相处了一年，算得上是舒适圈。如果换了新环境，她又要花费很多时间去适应。

刚升入高中时，自卑就像是春雨后的藤蔓，将她困在了青春期的泥沼中。

她变得越来越爱注视自己的缺点，比如内向、敏感。而班上的同学各有各的亮点。

若不是沈确将她划入朋友范畴，人群中的她只怕会更加黯淡。这一年，她受到他很多照顾。可转眼间，他们就面临离别了。

"你怎么了？"就在这时，沈确戳了戳她，"这场雨落到你心里去了？"

沈确虽然偏爱数理化，但并不偏科，甚至有时说句话都像在念诗。

她总是会惊叹于他的奇思妙想，也羡慕他所展现出来的自由自在。

"求你了，我可没这么厉害。"沈确拱手讨饶，"你再夸，我可要骄傲了。"

李今这才发现自己又不知不觉将心里话说了出来。

"李今，你是我见过的最会夸人的人。我就爱和你这样的人当朋友。"上课铃声响起时，沈确还在身后笑嘻嘻地唠叨。

李今又羞又恼，却没想到同桌徐洁也煞有其事地点了点头，接话道："你真的很擅长发现别人的优点，我要是有你一半的观察力就好了。"

3

这些被李今一字不漏地写进当天的日记里。她想，至少她在别人的眼中并不是一无是处。也许她可以试着扬长避短。

放下笔的那一刻，李今想起高一开学那天看到入学分数时羞恼万分的自己。

沈确带着笑意打招呼道："你不是36班那个写作文很厉害的同学吗？好巧。"初中时，李今只有一篇作文因细腻的情感表达得到了语文老师的表扬。老师将它当作范文，在他执教的班级分享了一圈。

可惜李今正是难过的时候，过往的微末光芒根本无法驱散心中的彷徨。面对沈确的主动，她只是结结巴巴回了一句："那次运气比较好……"

可写作文哪看什么运气好坏，只不过因为自己有切身体会、超常发挥，才写得那么有真情实感。李今越想越焦虑，在大家还沉浸在升学的兴奋中时，她已经提前陷入苦大仇深的高中氛围中。

沈确对她的勤奋毫不意外，同学间偶然聊天时，他还会自豪地介绍李今。

"我初中同学，特别有才华，她的文

章可被老师称赞了好久。”

知道这件事情后，李今终是忍不住，向他提出停止“造谣”的请求。察觉到她的情绪的沈确愧疚地给她买了三天零食，再三保证绝不再“给她戴高帽”，说了无数自己的糗事才勉强哄得她开颜。

因为他后续持久的关心，两人的关系这才慢慢好了起来。想到这儿，李今有些苦恼。等到高二分班，失去了共同话题，她和沈确的朋友关系早晚会断。

笨拙的她好像谁也留不住。

4

新学期开学，李今果然和沈确、徐洁分开了。幸运的是，她的新同桌黄可和沈确一样开朗外向。借着补作业的契机，她们一天之内就熟悉起来。

高二这年，李今常常在篮球场上看见混迹在不同队伍里的沈确。她不想和他断了联系，每次有机会总要交谈几句。两个人的班级还重叠了一节体育课，虽然不同老师不同区域，但还是能互相打个招呼。

这天的体育课，李今坐在操场的台阶上休息，却看见沈确一瘸一拐走了过来。

她“腾”一下站了起来。

沈确不好意思地挠了挠头：“打篮球扭了一下。”

“快坐吧！”李今恨不得等沈确坐下后立马冲去买药。沈确赶紧摆了摆手：“我同学去买药了。我就是来躲个懒。”

两人坐在香樟树的阴影里，看着不远处热闹的同学，小声交谈着近况。李今一直注意着药的到来，连谈话都心不在焉。等沈确在同学的帮助下，喷了药，扭动几下确定无大碍后，她才发现自己的失态。

“你还真喜欢打篮球。”她开始顾左右而言他，“我连拍球都不会。”

“这有什么难的，等我好了教你。”李今立刻退缩：“算了，还是不麻烦你了。”

“你感兴趣的话可以试试，又没说非要上场打比赛。再说了，我们不是朋友吗?说什么麻烦不麻烦的。”

他坦然的态度感染了李今。李今透过香樟树的枝叶看向高处的蓝天，紊乱的心跳渐渐平静下来。

下课铃响起，沈确便和同学离开了。他们的教室不在同一栋教学楼，自然不需要同行。她的心里不知道什么滋味，忽见远处有道身影欢快地向她奔来。

黄可满头大汗，兴奋地邀约道：“今今，买饮料去吗？”

不等她说话，黄可已经自然地挽住了她的手，连声感慨道：“羽毛球真的很好玩，等下节体育课我们一起打吧？”

李今看着自己被挽住的手臂，想到沈确刚才说出口的“朋友”，忽然有些释然了。

她回答道：“好呀。”

5

李今的生活像极了校园里的香樟树，乍一看四季常青，其实已悄然新生了几回。现在，她不再执着于失去，只默默向下扎根，学着淡然地看待身边每个人的去留。

她想，离别就如一棵树的春夏秋冬，而相遇与重逢是穿过树的风。

每一次改变都是当下最好的安排。

送你一枚干花书签

我也想将眼前的好风光一一留下。将一片叶子或一朵花塑封起来存进相册，是一件很美好的事。

✲楚青樕

做叶脉书签可不是一件容易的事。

摘一片硬而厚的叶，用药水将树叶煮至发黄，捞出，刷掉软烂的表皮和叶肉组织。用纸吸干水分后，侧脉呈羽毛状散开，细长又薄。塑封完毕，我小心翼翼地将整片叶脉拢在掌心。如果我想，我大可用蓝墨水为这片叶脉染就一抹最爱的明蓝，可我在叶柄系上一束流苏后，便将“新鲜出炉”的书签放入义卖篮中。

收拾完桌面，我刚背起书包，就碰上何与泽拿着几片榄仁树叶进来，他问我：“社团活动才开始，你就要走了吗？”

逆着光，我看不真切何与泽的脸。我摇了摇头，企图将脑袋里的胡思乱想甩出：“我出去找点灵感，想做点别的东西。”

尚未将树叶放整齐，何与泽就抽出塑料袋：“正好，我跟你一起去？我也想尝试一下新东西。”这次光线充足，何与泽的表情一览无余，眼睛笑得弯弯的，看什么都含情脉脉。我的心跳突然加快，不禁拽紧了书包带，慌乱地点点头。

找灵感的路上我们仍在讨论着义卖的事。学校每学期都会举办一次爱心义卖活动，各个社团都必须参与，所获钱款全部捐给山区。今年书签社团把社员打乱，随机分成小组，每组负责制作不同类型的书签。我和何与泽商量后决定做叶脉书签。可相似的东西做得多了，难免有些厌烦。

拨开一丛黄槐叶，我忽然看到不远处竟栽了几簇翠芦莉，翠叶簇拥着四五朵喇叭状的花。花瓣是深邃的蓝紫色，随风轻轻摇曳，落在碧绿与墨绿交织的草丛，宛如蝴蝶。许是快到傍晚，花朵已然蔫蔫地垂下了头。

我捧住花朵，扭头对何与泽说：“我们也做点鲜花书签吧，不用网上买来的材料包，自己去寻花，以书签的形式留住一场好时光，怎么样？”

1

拈起一朵蓝紫色的花，五片褶皱的花瓣组成一个小喇叭，花萼下的茎又细又长，很是优雅。无论怎么打量，翠芦莉都太适合做书签了。可校园的翠芦莉数量太少，老师不允许采摘。何与泽倒是不以为意，说：“放学后你跟我走。”

我半信半疑地跟着何与泽出了校门，拐过几条街巷，来到一个院子前。沿着篱笆栽了一行花草，最显眼的是一丛翠芦莉，紫色的花在风里摇来晃去，看得我有些手痒，但理性硬是让我按捺下激动，多嘴地问了一句：“这是你家的吗？”

何与泽促狭一笑，说：“只要你胆子大，这一片花都可以是我家的。”说完，他立马扯开袋子，眼疾手快地往里头扔着花，嘴上还催着：“还傻站着？快点摘。”

“这是偷花吧？”我还在犹豫着，忽然瞥见从房子里奔来一条狗，正龇牙咧嘴地朝我们吠。我死死咽下喉咙里的尖叫声，情急之下竟使出蛮劲，拽着何与泽撒腿就跑，拐进一条巷子，瞅着身后没了犬影，我才气喘吁吁地停下。

何与泽看看袋子里的花，又瞄了我一眼，面带犹豫：“李枝……其实，那是我阿姨家。那狗不咬人，就是特护花。”

“你不早说？”我恶狠狠地瞪了他一眼。他连忙找补：“我想和你说清楚来着，谁知你一见狗就跑，我拉都拉不住，不过幸好我们也摘了一袋花，不亏。”

“可惜今晚我就要被我妈念紧箍咒了。”

见何与泽一副可怜巴巴的模样，我压着嘴角，佯装嗔怒：“你活该。”

2

我将捡来的大叶紫薇花擦去水珠，在字典纸页上抻平，随即猛地合起，只需耐心等待一些时日再翻开字典，而后装进塑封膜。我刚弄好，忽然身后冒出一句：“李枝，大家一般都做古风书签，为什么你只做与花草有关的书签啊？”

不用回头，单凭声音我也知道是谁。我笑了下，说：“我外公说过：‘不记录，不存在。’可记录的形式又不局限于文字和照片，我想将眼前的好风光一一留下。你不觉得将一片叶子或一朵花塑封起来存进相册，是一件很美好的事吗？”

“不记录就等于没有发生，好像也有点道理。”

我抬头，发现窗外摇曳的树影落在他的肩部，映得侧脸的线条愈发柔和。我情不自禁地举起几片细叶放在眼前，目光穿过缝隙在他身上流连，心头微动。

3

等书签叠满几个篮子，我们终于在期末前迎来了一年一度的义卖活动。

义卖那天，书签社团就在紫薇树下支了摊，四面悬挂着各种各样的书签。参加完开幕式，同学们立马排成长龙等着购买书签。摊位实在忙不过来，就连负责后勤工作的我和何与泽也被抓来为顾客讲解书签背后的故事。

干花书签是最受欢迎的，尤其是我们辛苦制作的翠芦莉书签。

我举起一枚书签，和顾客介绍道："翠芦莉属于'一次性鲜花'，清晨花开，黄昏花谢，被称为'会说早安的花'。虽然是日日开，日日谢，但花期却很长……"

"这是三角梅，采摘时，我们还被护花的猫骂了几句……"

……

4

午后的阳光有点炽热，幸运的是书签终于售卖完毕。我正打算喝口水缓缓，却见何与泽从抽屉里拿出一沓书签，逐个发给社员："这是社长为大家制作的纪念版书签，大家都辛苦了。还有，社长说晚自习后请大家去食堂吃炒面。"

轮到我时，在众人的欢呼声里，何与泽忽然向我凑近，留下一句："待会别走太快，我有东西给你。"

将桌椅搬回教室，各个社团又在操场集合，大家的笑脸为义卖活动画上了一个圆满的句号。解散时，我慢悠悠地走，故意落在众人身后。天际飘荡着几朵淡积云，微热的风从裙角溜走，一切都很美好。在最好的时刻，何与泽也从人群里逆流而来，漂流到我跟前。

何与泽斜背着包，顺势将拉链拉开，可手掌仍将里头的秘密严实地遮掩着，狡黠地眨眨眼，"你猜我要给你什么？"

"不猜，快拿出来。"我催促道。他无奈地笑了笑，只好扯开背包，取出一束翠芦莉，递给我："我拼尽全力才从小狗的嘴下抢到这点花，就偷偷留下了。听你说过，翠芦莉的花语是：希望，理想。那我祝你能实现自己的理想。"

泛黄的报纸松松裹着十来朵花，如一个个小喇叭，倚着细叶，轻轻奏响乐曲。我单手抱住它们，心跳如雷，却还是用另一只手翻开随身携带的本子，抽出一张压有两朵翠芦莉花的书签，它们叶触着叶，花挨着花，安静依偎在一处。

"礼尚往来，送你。"我慌里慌张地将书签往他手里塞，嘴里解释着，"这是最后的两朵花，塑封膜不够用，我就放在一起了。"

"谢谢。"他小心翼翼将书签藏入背包的夹层，又看了下表，说："时间差不多了，我要去清点义卖款了，不然社长又得唠叨。"

简单道别后，我在原地看着他转身跑远。跑了几十米，他突然转身朝我挥了挥手，高声喊道："李枝，期末考试加油！下个学期，我想和你在同一个班。"

他身后是一片明亮的天空，亮得我不禁眯起了眼。微风拂过我的脸庞，我也举起那捧蓝紫花束挥了挥，喃喃道："我会将它们做成书签的。"

等何与泽的身影消失在视线内，我才低头端详那束花。尚未到黄昏，可花瓣尾部已然蜷缩，颓态微显，不过没有关系，待明日朝阳升起，花丛里又会开出崭新的花。就像一个故事完结后，笔尖还会生出崭新的故事。

而这些故事，都将被我妥善地藏在一枚枚书签里。

转角遇见你，晚风多和煦

洪莉

原来通往成功的道路一直都不拥挤，我庆幸自己是那个不断追逐着你的步伐，咬牙坚持到最后的人。

1

我清晰地记得那是一个暴雨如注的午后，突如其来的雨水裹挟着尘土的气息钻进我的鼻子，我蹚过几个小水坑，三步并作两步地跑进了街角的旧书店。

你就是在这个时候闯入我的视线的，雨水如飞瀑般倾泻，你也跟随着拥挤的人群一起钻进旧书店，仓皇地收起手中的伞。

那家书店在学校北门的拐角处，专门兜售二手书，斑驳的墙面上挂着一些没有封裱的书画，角角落落尽是一些充满年代感的旧书。书店一侧紧挨着校园外围的铁栅栏，阳光明媚时，校园一角那一树盛放的紫藤萝花如珠帘似的缀在书店门口的棚顶上，煞是好看。而在雨水的冲刷之下，紫色的花瓣顷刻间洋洋洒洒地落了一地。一向没有什么人光顾的小店，因为从天而降的大雨一下子就热闹了起来。我随手翻阅起一本泛黄的书，试图转移注意力，却还是忍不住将视线转向不远处的你。

你的白衬衫已经被打湿了一大片，湿漉漉地贴在身子上，显得身材十分瘦削，斜挎着的黑色背包也滴着水。我忽然想起来自己的书包里有纸巾，正犹豫着要不要拿过去递给你，却被别人抢先了一步。你微笑着接过别人递来的纸巾，先将斜挎包擦拭了一遍，又从包里拿出一本书，小心翼翼地擦拭起来。

我瞥见你走到柜台，工作人员接过你手里的书，塞进图书归还架。

那是一本橘色封面的书，十分亮眼，我莫名有些好奇起来，趁你转身走上二楼的间隙，匆匆忙忙地跑向柜台，向工作人员讨要那本你刚归还的书。

"《北大日记》……"我轻声念出了书名，随意翻看了几页，书的扉页贴着一张借书登记卡，最后一行签着你的姓名——单司楠。我在下一行端端正正地写上我的名字后，便像做了亏心事似的倏地将书本塞进了我的书包里。

2

单司楠，你的名字就好像开学典礼上十点钟方向的烈日那样耀眼，叫人过目难忘。

迎新大会上你作为学生代表上台发言，给学弟学妹们描画即将到来的高中生活，你以自己作为例子，声情并茂地讲述了自己如何经过一年时间的勤奋努力，成绩从年级垫底一跃进入年级前几名。

你说"追风赶月莫停留，平芜尽处是春山"，夏末的微风轻拂过你的脸庞，国旗旗杆上吊着的绳索晃晃荡荡，轻轻撞击着铁质旗杆，"叮当叮当"作响。你说"鹏北海，凤朝阳。又携书剑路茫茫"，在你的一番慷慨陈词之下，似有一股热血在我胸腔奔涌。又或者是烈日灼灼，将我的脸晒得通红，我隔着人海远远地望向你笔挺的身姿，一时间挪不开双眼。

似乎与你有关的记忆，大多是你身着白衬衫捧着一本书的模样。

学校为各年级安排了每周一次的图书阅览课，为了错峰阅读，我们班的阅读课刚好和高一个年级的你们班安排在了同一个时间。我跟随着同学们走向图书馆，余光留意着你所在的那幢教学楼。你总会在第二个下课铃声快响完时走出教室，穿过花坛、走廊和阶梯，慢悠悠地走进图书阅览室。

你常驻足在摆放着现代诗刊的书架前，每次挑选近期的两三本，然后选择靠窗的位置坐下。看书时你神情专注，如果不是指尖在书页上轻轻摩挲，看起来真像一座面容精致的雕塑。

你爱写诗，也经常获奖，学校公告栏是最常看见你名字的地方。那些排名靠前的学生在喜榜上附有照片，我原本从不奢望，可是你站在国旗下讲话的画面像是有一股不可抗拒的魔力，使我不自觉地梦见自己和你一同站在领奖台上接受颁奖的画面，连照片也被贴在喜榜上，就在你的旁边。

那些被打满红叉、堆砌在书桌上的练习册忽然就有了意义。

我不再贪恋起床铃响时尚有余温的被窝，只想趁着课间休息多背几个英文单词。忽然加大的学习量使我心力交瘁，脑细胞不知迭代了多少次。我趴在课桌上看向窗外隔着十几米的另一栋教学楼，影影绰绰的身影里不知哪一个是你。

那阵子，我睡前总要将一天学习的知识统统回顾一遍，一个个公式、一段段文字像电影台词一样在我脑海中依次放映，就连进入梦乡，睡梦中都在用功刷题。

在那些向你看齐的时光里，摸黑起床的夜间清风微凉，夜半回宿舍的天空星星璀璨，幸而有你，我都切身感受了一遍。

我的考试成绩以肉眼可见的速度上升着，排名也超越了一个又一个同学。可全区统考的期末试卷刷新了以往的难度，如山顶滚下的一块巨石，将好不容易攀登上山的我打得猝不及防。

如大梦初醒，我们之间终究隔了太长的距离。

3

我时不时会翻阅那本《北大日记》，虽然早已超过归还期限，我却迟迟没有再去那家旧书店。

我还挺怕遇见你的，又或者说，我害怕面对那个迟迟无法实现目标的自己。

晚风吹过窗外的花木时，大朵大朵的玉兰花坠落在地。文人写诗作词时可以托物言志，寄情于景，我看着日暮时分照射进教室后门的渐渐微弱的黄晕的光，恍惚间觉得自己就像是一个郁郁不得志的憔悴诗人。

听说你即将被保送，很有可能是北大。我再次翻开藏在抽屉里的那本泛黄的书，一刹那间就徜徉在博雅塔边的小径上，跟随着故事里的人们体会着学习生活里的起起伏伏。我第一次知道了未名湖，书里说它“万绿丛中一鉴清，依依垂柳啭莺莺”，想来日暮时一定是浮光掠影，静影沉璧。未名湖畔绿树合抱，曲径通幽，冬去春来，你也会在湖边手捧一本书，在晚风里将那诗行轻诵吗？

我决定将那本写有你姓名的旧书归还，权当与你作别。却没承想还是在转角的那一家二手书店里与你打了照面。

初冬的天气阴郁，那一树紫藤萝花早已谢尽，余下光秃秃的枝干垂落在破败的棚顶。

我将最近借来的书一一归还，在柜台处仔细登记，正准备将手里的《戴望舒诗集》递给工作人员，你悄无声息地走到了我的身边。

“请问这本书还能出借吗？”你指着我手里的书问工作人员。

“同学你好，等我帮这个小姑娘登记归还后，就可以给你办理哦。”

你双手搭在柜台上，语气谦和。我低着头，心乱如麻，不敢抬眼望你。

正当我手足无措时，工作人员示意我再额外支付三十一元。

“怎么会这么多？”我惊异地问。

“是的，同学，这本《北大日记》一

共借出了 152 天，除去免费借阅的 90 天，超时的 62 天需要额外收费三十一元。"

我翻开了背包内侧的口袋，掏出一张皱巴巴的百元大钞，递给了工作人员。

"有一元零钱吗？小姑娘，我这没硬币了。"

"我有，一元是吗？给！"我还在衣兜里上下翻找，你就随手掏出了一枚硬币递了过去。

"谢……谢谢！"我落空的手顺势捋了捋散落在额前的短发，不自觉地变结巴了，"下次有机会还你。"

你一边接过那本《戴望舒诗集》填写借阅信息，一边微笑地对我说："客气了，不用。"

你签完字，转身将书塞进背包里，走到门前利落地解开停放在门口的自行车车锁，骑上车便匆匆离去。

我像是想起什么来，脚步不听使唤地追了上去，却不知该如何开口叫你。一阵凉飕飕的秋风卷起了地上的落叶，也吹散了我脸上的燥热。

"别被你发现才好。"我在心里默念，暗暗恨自己不小心在书页里夹了一张写有你名字的纸片。

4

暮春，学校通往食堂的上进大道上，樱花谢了一地。

熬过了一整个寒冷的冬天之后，自习课上刷题的手速也终于随着天气渐暖慢慢变快了，一张又一张的试卷传到我桌上，顾不上别的，我争分夺秒地埋头苦读着。

九校联考的结果如期而至，我到底还是等来了成绩排名进步到年级前三十的好消息。按理说，我的名字是没有资格上喜榜的，总共才几平方米的公告栏，想要塞下三个年级一共九十多个名字和照片，显得十分拥挤。

大概是我在喜榜前驻足的次数实在太多，老天也觉得我废寝忘食的努力值得犒赏，我靠着"进步奖"光荣地登上了公告栏最后一名的位置，与你居于首位的名字相隔甚远，却遥相呼应。

喜榜张贴的那天，校园广播里单曲循环着《倔强》：

"逆风的方向，更适合飞翔，我不怕千万人阻挡，只怕自己投降。我和我最后的倔强，握紧双手绝对不放……"

原来通往成功的道路一直都不拥挤，我庆幸自己是那个不断追逐着你的步伐、咬牙坚持到最后的人。

转身走进教室之际，校园广播里传来一个熟悉的名字：

"接下来是《心愿墙》栏目，首先插播一则来自高三（12）班单司楠同学的简讯，他想对高二（1）班的陆贞羽同学说：'小陆同学，加油！希望我的一元硬币能够带给你好运。'"

我错愕地停滞在原地，下意识地回想起往日学习生活的种种细枝末节。但那都不重要了，我回头看向更新的公告栏，暗自下定决心，势必要拿下喜榜上靠前的位置。

夕阳洒下最后一抹余晖，晚风轻拂。

真好，拂过我脸颊的晚风，也同样轻拂着你。

太阳与向日葵

✲鲸 歌

你如果不想做发光发热的太阳，
或者可以试着当反射太阳光的月亮。

①非过客

向日雯永远记得这一天发生的事。这天是省内艺考统考的戏剧影视文学专业的笔试日期，她在考场初遇了程惘。

统考的这几天她暂住在朋友家，距离南昌考点就两公里，索性撑着伞步行前往。

细雨冷风，把她整个人都冻僵了。一辆辆艺考机构租用的大巴从她身边经过，大巴车里头有空调暖风，而她只能在寒风中瑟瑟发抖。想到此处，她加快了脚步。

程惘坐在大巴靠窗的位置，瞧着窗外的景色，那把天蓝色的伞吸引了他的注意。

女生穿着短袄和长裙，她把伞靠在肩窝处，拉低了伞面的高度，能有效地挡住冷风。直到女生消失在他的视线范围，他才收回视线。

笔试考点设在大学的教学楼里，向日雯所在的考场是四个座位的并排长桌，长桌左右分别坐一个人。

向日雯就带了一张统考准考证、一张身份证和一支签字笔，忘了带涂卡铅笔。她在看到答题卡有选择题填涂答题区的时候，顿时慌了神。

她的另一边坐着一个戴黑色口罩的男孩子，露出好看的眉眼。

这就是向日雯见程惘的第一面，也是第一眼。目前的重点是，他带了涂卡铅笔。

向日雯就像看到了救星，小声哀求道："同学，等下你做完选择题，可不可以把2B铅笔放到桌子中间？我忘了带铅笔。"

程惘先是一愣，然后点了点头。

向日雯心里的大石头落了地。

他信守承诺，用完2B铅笔就伸出手把它放在了长桌的中间。向日雯提前交卷，收了东西就在考场门口等程惘。

他赶在铃响的前一分钟交了卷，不然铃响之后要等监考老师清点完毕，才能离开考场。

程惘同考场的一个女同学在等他，一见他出来，就开始问文常题目。

程惘朝她打了个手势，示意暂停话题，声音淡淡的："回去再说吧。"

向日雯很㞞，犹豫了半天，还是鼓起勇气，走到程惘身边，轻声道："同学，很抱歉在考场上打扰你，谢谢。"

"不用，举手之劳。"他的回应很礼貌，但是有明显的距离感。

她硬着头皮追问道："你是'鲸天'的学生吗？"

向日雯没有参加统考的艺考培训，但知道艺考机构大都会定制一批羽绒服，让学生们统考的时候穿上，保暖又显眼，程惘此时穿的就是印了"鲸天"logo（标志）的羽绒服。

他边下楼，边应了一声。

向日雯跟上他的脚步，掏出手机，递到他的面前，低头不敢看他，问道："可以加一个联系方式吗？"

程惘想起了那把天蓝色的伞，低头看她的半裙，布料看起来并不厚。他接过她的手机，把自己的电话号码存了进去。

程惘把手机还回去的时候，低声笑问："你是不是忘了什么东西？"

向日雯摸了下自己的口袋，喃喃道："没有忘什么东西啊……"

程惘唇角的弧度更加明显了，抬头望了一眼已暗的天色，提醒道："你的伞。"

她想起了那把丢在考场外面的伞，连声对他道谢，转身逆着人流上楼。

程惘立在原地，抬头看她艰难地穿过人群。考点的大门打开了，他没有等她，而是随着人群离开了。

人海茫茫，有些人就是过客。那时的程惘不知道，他能和向日雯再次相遇。

······②······ 非表面

向日雯要程惘的联系方式，还有一个原因——她准备在“鲸天”进行校考内容的学习。虽然她不会去联系程惘，但是这样做可以让她多一份安全感。

她调查得很清楚，在“鲸天”进行统考和校考两方面的学习需要两万六的学费，而单学校考部分，学费只需五千元，这对她来说是性价比最高的选择。

她从高二下学期就休学在家，别人在统考培训的时候，她在医院进行心理治疗。

向日雯插班到程惘的班级进行学习。

“大家好，我是向日雯，向日葵的向日，我父母希望我像向日葵一样，永远追逐阳光，对生活保持热情……”她吐字清晰，自我介绍也很有记忆点。

只有她自己知道，她不是外向的个性。她表现出来的这一面，是考官所期盼看到的。这一番自我介绍，她练了上百遍。

她是插班生，老师让她坐在最后一排。

向日雯望过去，最后一桌的桌面堆满了其他人的书。

在统考之后，程惘有意等了几天，都没有等到她的电话。他把这事抛到脑后，没想到她竟成了自己的同桌。

“不好意思，这些书都是我的。”他闻言起身，把那堆书放到教室角落的地板上。

向日雯帮他整理书，瞧见了那些书名，除了眼熟的《中国电影史》和《外国电影史》，剩下的她都没有看过，其中居然还有几本英语原版书。还是她孤陋寡闻了。

她一来就碰上实训作业点评，看了一些作品，发现程惘比她想象中还要专业。

程惘翻拍《花样年华》片段，运镜极稳，节奏正好，很有个人风格。

播放完毕，全班响起热烈的掌声。向日雯边鼓掌边惊叹：“好厉害……”

未料被程惘听见了，他微微低头，轻声说：“谢谢。”

向日雯脸上一烫，有些尴尬，正襟危坐，听老师点评程惘的作品。

她用余光看见程惘勾了下唇，似乎是在笑她。她晃了下脑袋，把乱七八糟的思绪从脑海里驱逐出去，认真听讲。

之前统考同考场的女生下课来找她说话：“你好，我叫万荧，我们见过的。”

向日雯点头，态度礼貌：“你好，很高兴认识你。”

半晌，两个人都没有再说话，陷入了尴尬。万荧打了个哈哈：“你有什么问题都可以来问我，你的同桌挺烦别人找他问东问西的。”

她看了一眼正在写字的程惘，回头应万荧的话，道：“好的，谢谢你。”

万荧离开后，程惘侧了下身，笑道：“你性格哪里像向日葵了？”他在她旁边，把这一切看进眼里，她明明有着含羞草的属性。

“这也要分人的嘛。”她嘀咕道。

程惘觉得好笑，顺着她的话说：“我回答问题也分人的，你有问题就直接和我讲，我挺乐意和你聊天的。”

“啊？”向日雯抬头。

“毕竟你目前只对我不‘社恐’。”他

咧嘴一笑，从桌上拿了一根棒棒糖，放到她的桌面上，补充道，“这是小卖部代替找零的棒棒糖，我不太爱吃甜食。”

“谢谢。”她声音软软糯糯的，比糖还甜。

③ 非月亮

统考的成绩出得不算慢，程惘是全省排名前十，而向日雯在一千名开外。程惘比向日雯还慌张难过，反倒是向日雯安慰他：“我只学了校考内容，联考又没学，这个排名很正常。”

全机构的人都在关注他们，向日雯和程惘的日常相处成了“鲸天”之谜。

一向独来独往的编导部第一名学生程惘，身边总是跟着一株小“向日葵”，两人成了机构内一道亮丽的风景线。

可实际上，两人的聊天并不多，多是自己学自己的东西，仅有的交流也是程惘硬生生地开口得来的。

“小向日葵，你就没有问题问我吗？”

“啊？”向日雯眨眨眼睛，摇了摇头，“下午教的是‘故事’，算是我的拿手项目，谢谢你的关心。”

程惘舔了下唇，准备说些什么。

万荧走过来，打断了两人的对话，她来找向日雯，板着脸命令：“滕老师想切水果，让我来找你借小刀。”

向日雯脸色一青，不动声色地把左边袖子拉到腕口。

刚才上课，滕老师走到学生中间看他们写的故事，唯独在向日雯的身后站了很久。她让万荧找借口把小刀借走，大抵是看见了向日雯左腕的新疤痕。

向日雯答应了，从书包里头拿出一把美工刀，递给了万荧。

在万荧疑惑的眼神中，向日雯再次点头：“她要的就是这把。”

“那我给她送过去。”万荧直接从她手里头抽过刀，离开。

向日雯埋着头，她不知道程惘是否发现了她的异样。

她昨天拿着没有用过的美工刀去洗手间洗刀和苹果，未料脚底打滑，意外摔倒，左腕蹭到了刀锋。伤口不深，她没有声张，只简单处理了一下。

程惘出声：“你知道为什么向日葵总是向着太阳吗？”

“向日葵具有向阳性？”她侧着头看他。

“对，它在汲取阳光。”程惘淡淡一笑，“所以人不能总待在黑暗处，要向前看。”

向日雯一愣，对上他亮晶晶的眸子，慢慢抬起头。

他朝她伸出手，邀请道：“所以，一起去晒会儿太阳吧。”

滕老师喜欢用课余时间来一对一地点评作业，轮到向日雯时已是晚上放学后了。

程惘说他在教室看书，顺便等她。向日雯拿了笔记本去办公室找滕老师。

她这次写的故事《黑狗》——抑郁症可以翻译成“black dog”，源自丘吉尔的名言“心中的抑郁就像条黑狗，一有机会就咬住我不放”。

滕老师和她分析：“你写的是一个抑郁症女孩抗抑郁的故事，文笔细腻，代入感极强，是一个很好的故事……”

最后，滕老师道："我很怕我有一天会接到一个消息……"她没说完，与向日雯对视，眼中不忍。向日雯被她的眼神戳中了，半天都说不出话来。

她们聊了很久，直到快十二点，宿舍即将关大门。

"老师，对不起，耽误你这么长时间。"向日雯临走之前，朝她深深地鞠了一躬。

她太爱说"对不起"了，骨子里充斥着抹不掉的自卑和懦弱，让她觉得自己的存在就是一个麻烦。

向日雯回到教室，一推开门发现程惘还坐在座位上，只开了教室后面的灯。

开了门，灌进一股冷风。程惘感受到了，抬头一笑，道："你回来啦？"

向日雯一瞬间很想哭，原来真的有人会在原地等她这么久。她憋着一口气，不想让眼泪流出来，边走过去边"嗯"了一下，到座位上收拾东西。

程惘坐在一边，撑着头看她，道："你如果不想做发光发热的太阳，或者可以试着当反射太阳光的月亮。"

向日雯不敢去看他的眼睛，她害怕他能看出她的难堪。

"也挺亮的。"他指着窗外的朗月。

她转身，看着散发出皎洁月光的月亮，笑了笑："是呀，真的很亮。"

可惜，她不是一轮可以吸收光芒的月亮，她只是一株仰望天空的小向日葵。

····④···· 非夜凉

"鲸天"元旦放三天假，很多学生选择返家，包括程惘。程惘是南昌本地人，回家很方便。

向日雯对于放假的消息并不感兴趣，默默看着同学们欢呼。她要是回家，从南昌到赣州，高铁都需要坐一个半小时。

"你留校？"程惘问她。

她轻轻"嗯"了一声，没转头看他。前几天，她妈妈知道了她统考失利的消息，只说让她自己把握，便没再回消息了。

起先，父母给她取名为向日雯，初衷是希望她如向日葵般明媚，可她从未感受到家庭的温暖——父母一半的时间在外出差赚钱，一半的时间在家争吵和冷战，让她怀疑自己是不是多余的存在。

渐渐地，向日雯的情绪影响到了行为。彼时她还不知自己生了病，出现幻听、幻觉等情况时，仅以为自己精神状态不太好。

时间一长，躯体化症状愈加明显，腿疼到不能走路。这些被保姆发现后，她妈妈就把她送进了医院，住院的那些日子，父母一次都没来看过。

滕老师问她的行程，向日雯这才说了实话，她察觉到自身生理和心理的异样，要去医院复诊。她这几天都没跟在程惘身边，而是独来独往，不想影响到他。

她晚上还会一个人去天台坐坐，教学楼并不高，只有六层，她抬头看天，看寥寥几颗星星，看被云层遮住的月亮。

向日雯从医院回来后，已经是元旦的晚上了，她回教室放了新拿的药物。

她打开灯，原先趴在桌上休息的程惘猛地一下站起来，把她吓了一跳。

程惘朝她笑道："你终于回来了，我

在这等你好久了。”

向日雯身子一顿，向他走过去，把提着的塑料袋塞到桌肚里。

“当当当！送你的花。”程惘捧出一捆向日葵，没有包装纸，就是七朵向日葵用绳子捆成一捆，朴素而绚烂。

她指了指向日葵，又指了指自己，惊讶得说不出话来。

程惘把这捆向日葵塞到她怀里：“新年快乐，小向日葵。”

向日雯把这捆开得灿烂的向日葵捧在怀里，眉眼里尽是欣喜，道：“新年快乐，我真的很开心。”

程惘觉得，她比盛开的向日葵还耀眼。

她主动带程惘去了天台，今天的天气很给她面子，云层不厚，月亮是明亮的一个半圆。两个人并排坐在天台花坛的边上，抬头遥望浓郁夜色。

“冷吗？”她看见他打了一个寒战。

夜晚风凉，确实是冷的。

程惘穿得又少，嘴硬地摇头说：“不冷。”

向日雯站起来，意思是要回去了，存在心里的话终究还是问了出来：“向日葵的花期是七八月，盛夏一过，枯萎是不是必然？”

他也站了起来，与她对视：“小向日葵，会和太阳一起肩并肩盛放，你要大刀阔斧地向前走呀。”

他的眼睛里头有炽热的光。她避着他的目光，问：“谁是太阳？”

“我啊。”他回答得很快，“我可以试着成为你的光。”

良久，她抬头，脆生生地应道：“好。”

⑤ 非告别

年前的艺考校考开始了，第一站地点是南京，“鲸天”派了滕老师带队去校考，统一订房和车票。

万荧和向日雯住在同一间房，还没开始考试，她们居然起了冲突。同学们惊讶，乐于助人的万荧怎么会和沉默寡言的向日雯闹起来。

滕老师就住在旁边房间，听见声响出了房门，路过的几个同学也跟着进来了。

红着眼眶的万荧坐在床边，向日雯缩在角落。

水培盆栽也倒下了，脏水流了满地。

滕老师问两人发生了什么，谁也不说话。她让向日雯搬到自己房间来，这件事就算过去了。

程惘没发表意见，在向日雯走到他身边时，他往她手里塞了一块巧克力，权当安慰。

南京的校考之旅过后，向日雯和程惘也没有时间见面。直到除夕当晚，她的太阳再次把光给了她。

除夕夜，只有她一个人在家。她窝在被窝里胡思乱想着，程惘给她打来了电话。

向日雯挂断了，她不想让他听见自己的落寞，发微信回复：怎么啦？

程惘回文字消息：没什么事，就想问你看没看烟花？

向日雯转头看向窗外，恰巧有烟花升空，外面随即响起热闹的烟花爆竹声。

到了零点，程惘再次给她发了条语音。

她放在耳边听，好像他就在她的身边。

他在户外，环境嘈杂，有风声和人声。但他声音温柔，心中想的只有向日雯一人："小向日葵，高考后见。"

就算她的生活一地鸡毛，也不妨碍她可以抬头看白昼的太阳、年夜的烟花。

她一个字一个字打出来，发给他：好，更高处见。

向日雯参加完年后的艺考，就回了高中冲刺文化课。她与程惘的聊天不多，交流的是艺考方面的内容。程惘拿了好几个学校的合格证，有一些还是专业第一名。

但向日雯这边的成绩不太乐观，面试对她来说是大问题，合格证上的名次太靠后。她报喜不报忧，只说自己有合格证。

盛夏七月，程惘收到北影的录取通知书，万荧也考上了北京的另外一所院校，而向日雯要去成都上大学。

山南水北，她主动放弃了与程惘的缘分。

谁知道，程惘会来她的城市找她。

那天天气炎热，她去小区的小卖部买冰棒吃，付钱时，程惘给她打来了电话。

她接通了，把手机夹在肩膀和耳朵之间，双手去撕冰棒的包装袋，轻轻地说了声："喂？"

他的声音带着很明显的笑意："我在赣州火车站。"

她支支吾吾说不出话来，拿着冰棒的手停在空中，只听见"扑通扑通"的心跳声。

他说："我来找你了，小向日葵，你该兑现你的诺言了。"

向日雯右手拿下手机，左手拿着冰棒，放进嘴里，冰棒入口冰凉甜腻。

向日雯在进楼之前回头看，程惘站在她身后目送她回家，心中升起一阵暖意。

她的太阳可以陪她前行。

程惘没有在这边待太久，晚上把向日雯送回家后他就去了火车站。

⑥ 非祝好

程惘成了她的男朋友，但天气并不是每一天都会是晴天，雨天来了，异地的程惘不能给向日雯送一把伞。

他们不仅不在同一座城市上学，就连家乡也隔着两个小时的高铁路程，见一面的成本何其之高。

程惘把生活重心放在了电影上，没有时间去闲聊，而向日雯的性格本就沉默，有时候两人一个星期都没有一次对话。

他们大四开始拍摄毕业设计，向日雯改了自己在艺考时写的故事《黑狗》，一方面想把这个故事拍成电影，一方面又因为题材的压抑让她喘不过气。

她想找程惘倾诉，久久都得不到回应，后来也只得到寥寥几个字。爱意还在，可是时间告诉他们，不必相会。

分开是向日雯提的，程惘还在拍片，根本没有注意到手机里的消息，等他看见时，已经是次日凌晨三点半了。

他那一瞬间动过去找她的念头，但他无法抛弃他整个的剧组。

他尊重向日雯的决定，青年导演这双掌机向来稳当的手，头一次如此颤抖，删删减减，最后回复了一个"好"字。

他们会再见吗？她不知道，只是这个圈子很小，再相见是必然。

短片《黑狗》入围北京大学生电影节，向日雯作为主创之一，受邀去了北京。

她没有抱着会拿奖的态度，此番前来，是给自己一次机会，来看看留住程惘的这座城市。

反而是她的父母，推掉了工作，一定要陪她前来。他们看过了短片，这才知晓女儿的真实想法，深感歉意，生活和工作的压力让他们如履薄冰，敏感易怒，而赚的钱再多，也买不来失去的那些本该好好陪伴女儿的日子。

结果在意料之外，《黑狗》获得最佳短片剧本奖。

她上台领奖，在台上发言时，一眼就发现了坐在台下的程惘。她公式化的领奖感言到嘴边就变了，变成思念艺考集训的感叹，变成感谢从前给过她光的人。她没说名字，但程惘知道说的其中一人是自己。

“大家也在短片中看到了，《黑狗》是根据编剧的真实经历改编，也就是我的故事。那段回忆晦涩难堪，以至于成片我只敢看一遍。我会努力活下去的。”她最后几个字，说得掷地有声。

他们在会场外说上了话，几番寒暄下来，她得知他入职了一家影业公司。

“我现在是自由职业者，算是独立编剧吧。”

他浅浅地笑了一下，道：“没想到最终是你成了独立电影人。”

她连连摆手，没有和他说实话。她完成《黑狗》后，写的悬疑剧被某家影视公司看中，第一季播出后反响很好，公司让她写第二季的剧本。而她打算写完后，就回“鲸天”去做艺考老师。

“我算不上。”她谦虚道，又聊了一会儿，她找了个借口说要回酒店了。

“祝你前程似锦。”程惘站在原地，朝走出两步远的她挥了挥手。

向日雯回头，西装革履的程惘依旧有着难得的少年气。

她在回程途中反复思考他的最后一句话，想着想着，眼泪从眼角滑落。

前程似锦，“前”是前面，“程”是程惘。

⑦ 非怜悯

十二月份，万荧来过“鲸天”怀旧，她路过教室看见了正在上课的向日雯，满是惊讶。

她们站在走廊的窗户外叙旧。

“对不起。”万荧的这句道歉来得太迟了。

当年那次争吵的导火索，其实是一件很小的事。

万荧问向日雯要不要一起去吃饭，向日雯回答：“不了，等下程惘来找我。”

万荧的爆发点在这儿，她认为向日雯在向她炫耀。明明她先认识程惘，她明里暗里表示，都不如一个处处不如她的向日雯。

“你在这向我炫耀什么啊！一开始我好心提醒你，程惘烦别人问问题，你就在打我的脸。我去找你搭话，你对我爱搭不理，装自命清高。程惘和滕老师可怜你……”

“别说了！”向日雯尖声打断了她的话，她想逃离，匆忙之中撞倒了水培盆栽。

“砰”的一声。

万荧尚且不懂语言对一个人产生的伤害，更不懂向日雯内心的脆弱。她是骄傲的，执拗地认为自己是对的。后来她在北京，去程惘的公司找过他。程惘顾及同学情面，接待了万荧。

他似乎知道万荧此次来的目的，先开的口：“我读书的时候年少轻狂，整颗心装的都是我的电影梦。现实告诉我，我错得很离谱。”

“你不知道，她也不知道，是我先注意到她的。”说起向日雯，他的脸上才有了一点儿表情。“我从来都不是可怜她。”程惘没打算和万荧多聊，起身去开门。

万荧震惊，程惘似乎知道了当年她对向日雯说的话。

万荧和向日雯复述见程惘的过程，强调道：“他真的是一个好人。”

“我知道。”向日雯盯着窗外的路灯杆，木木地说，“我挺羡慕你的，万荧，你热情大方，能够与这个世界友好相处。”

万荧发现，她反而是被治愈的那一个。思来想去，她还是把向日雯在“鲸天”当老师的消息告诉了程惘。

他回复：我知道。

万荧终于认识到自己的错误了，她从头至尾都是一个局外人。

……尾声…… 是太阳

程惘有个电影项目在找取景地，需要学校走廊内侧有大窗户。

因为万荧的这通消息，他想到了“鲸天”，艺考机构属于私营企业，装修风格没有循规蹈矩，有着电影场景需要的窗户。

他联系了“鲸天”的老板，后者很爽快地答应了。

“鲸天”成为拍摄场地的消息很快在机构内传遍了，摄制组到达的时候恰逢艺考联考当天，向日雯带队去了考点。

编导类考试在中午就考完了，下午向日雯就回了机构，路过宿舍楼门口的时候撞到了一个人。

“对不起。”她的脑袋正好撞到了那人的肩膀上，抬头的一瞬间愣住了。

“头疼不疼？”他站在她面前笑，伸出手想去摸她的头。

她没动，就由着他帮自己揉脑袋。

他的声音低沉又温柔：“我想好了，距离不是我们之间的问题。我已经向公司申请调到南昌的分公司，我来陪你。”

向日雯追问：“你上次不是还祝我前程似锦吗？”她头一次这么执拗，想把所有的事情都让他明明白白地说出来，“当初为什么同意我提的分手？”

“我尊重你的一切决定。”他眼眸低垂。向日雯总觉得程惘是她的太阳，殊不知她也是他的星辰。

“我可以回到我的小向日葵身边吗？”程惘抬眸，眼神炙热又真诚。

向日雯浅浅一笑，用力地点了点头。

程惘给的光芒足够多，这个冬天，夏日的向日葵盛开了。

柠檬微微甜

玫瑰留在了盛夏，落日告别了晚霞，蝉鸣止于那个夏天。

和你去看橘子海

✽王彤乐

> 我相信我们会是一辈子的好朋友，有一天会一起坐在海滩上看日升日落。

十七岁的一天，我和阿丁并肩站在走廊西头的窗户边，看大片的火烧云将群山浸染。“晚霞像一片橘子味的海。”她转过头来对我说。大片的云联结，在天空中涌动，我们穿着蓝白相间的校服，眯着眼睛吹晚风，享受一天中最惬意的时刻。

很快，铃声打响，天空越来越暗，走廊里的嘈杂声渐渐平息。我和阿丁手拉着手冲进教室，继续埋头在无尽的题海和解不开的方程式中。我们把头枕在胳膊上，看着用红笔标记的错题，有一搭没一搭地小声聊天。“等高考完，咱们去海边看日落吧。”我对阿丁说，“我还没看过海呢。”她也很兴奋：“到时候，我要去染发，要去草莓音乐节……”

每个傍晚，我们都看着窗外的火烧云，沉浸在自己幻想的那片橘子海中，祈望时间过得再快一些。高中三年，我们喜欢同样的乐队，看同样的杂志，吃同一份炒年糕，同样相信平行时空的存在，也相信我们会是一辈子的好朋友，有一天会一起坐在海滩上看日升日落。

吵架也是难免的。我第一次和阿丁吵架是在晚霞褪去的夜晚，那时我们刚刚熟络起来，约好以后放学一起回家。那天下课铃响了好一会后，我收拾好书包站到走廊，人群一拨接一拨散去，可阿丁仍没有出来。深秋的寒风呼呼吹进我的衣领里，我探进教室张望，看到她在和她的后座有说有笑地聊天。

我感觉受到了背叛，咬着嘴唇飞快地跑出校园。第二天清早，阿丁问我作业写得怎么样，就像什么事也没有发生一样。我低着头不愿搭话。没多久，她又用笔戳我的胳膊：“这道题好难哦，你是怎么做的呢？”我还是不说话。阿丁也生气了：“昨天晚上放学不等我，现在跟你说话你又不理我，你怎么这么奇怪？”

我们就这样僵持了一整天。直到晚自习结束，我起身收拾书包，不小心碰掉了桌子上的笔，弯腰去捡的时候，脑袋却和阿丁碰到了一起。我们摸着各自被撞得发红的额头，不约而同笑了起来：“快走啦，一起回家。”

那时候的我敏感而孤僻，没有朋友，便把阿丁视作我的全世界。可她和我相反，似乎和谁都有说不完的话。

第一次见她是高一入学班会，初秋的银杏叶开始泛黄，微凉的晨光洒在教室的桌椅上。其他同学都在和朋友聊天说笑，只有我一个人坐在角落里翻闲书。直到班主任站到讲台上，阿丁才背着红色的书包风风火火地跑来，她喘着气环顾教室，只有我旁边还有一个空位置。

于是我们成了同桌。起初阿丁和我说话，我总是有意回避她，下课后甚至假装趴在桌子上睡觉。有一天晚自习前的大课间，阿丁踏着上课铃声跑进来。“给你吃橘子。”她说着从怀中的塑料袋里取出两个大橘子塞到我手里，“我刚买的，你尝尝，可甜了。”我不知所措，瞄了一眼讲台上正在改卷子的老师，然后偷偷低下头，把一瓣橘子塞进嘴巴里，酸酸甜甜的。

阿丁说她最喜欢的水果就是橘子，喝汽水也总喝橘子味的。那时已经是深秋，窗外银杏叶被微凉的风吹得簌簌作响，可一整节晚自习，我都感到有一股温热的力量在我周身徘徊。后来很长一段时间，每天清早我都会往阿丁的桌子上放两颗大白兔奶糖，等她火急火燎地背着书包踏着上课铃声跑入教室，然后我们相视而笑。

学校走廊西头的窗户正对着连绵的山，傍晚总有大片的火烧云笼罩着我们眼前的世界，每个大课间我们都会并肩站在那儿看云。阿丁说："这多像一片橘子海啊。""橘子海？"我问她，"为什么这么说呢？""很奇妙，天空看起来酸酸甜甜的。"她说。我有些不能理解，但还是接着她的话说："等我们长大了，就一起去看真正的大海。"

和学生时代所有的好朋友那样，我们无话不谈，一起去书店看漫画，一起在学校附近吃小吃，一起背枯燥无聊的文言文，一起逃掉晚自习躺在学校的操场上看星星。

高考很快就来了，那个夏天悄无声息地过去，而我们就要开始新的生活。我去车站送阿丁，看见她拖着大行李箱，站在远处冲我挥手。相遇和离别都发生在初秋，我们隔着车窗告别，绿皮火车"轰"地开走。我站在站台上，看群山与暮色渐渐连为一体。

我们慢慢淡出彼此的生活，偶尔看到她在朋友圈里发自己和新朋友的合照，笑得那么开心。一起去看海的约定，谁也没有再提起。直到那天我收到阿丁寄来的明信片，上面画的是橘色的天空与蓝色的大海。恍惚间，我想到十七岁的某个傍晚。"晚霞像一片橘子味的海。"阿丁和我并肩站着，说。"等我们长大了，就一起去看真正的大海。"我接道。

我拿起手机对着天空，取景框里深蓝色正在下坠，橘色的晚霞慢慢褪去，一些凌乱的霓虹将暮色割裂。我把这样的照片发给阿丁。很快，她回复我："什么时候一起去看海呢？"

"下周末怎么样？"我问她。

那是一场匆忙而难忘的旅行，也是高中毕业后我们第一次见面。阿丁一见到我，远远地就大喊我的名字。她不再剪短头发，还穿起了碎花长裙。我们拉起手像从前那样贴着彼此的肩膀在海边散步，却不再热衷于讨论未来与理想。长大以后的我们，更擅长回忆过往那些温暖的瞬间。

大片的火烧云蔓延到海岸线尽头，晚霞看上去像一片橘子味的海。我们坐在沙滩上喝椰汁，阿丁问我："你知道我最难忘的夜晚是什么时候吗？""嗯。"我点了点头。她继续说下去："是高考前百日誓师结束后的那个夜晚，我们好不容易从教室里溜出来，躺在学校操场上，计划着长大以后的旅行。"

我也记得那个夜晚，西边的火烧云将群山笼罩，星星越来越亮，晚风吹拂，足球场上嘈杂的声响时而将我们谈论理想的话语覆盖。那时的少年多么天真与勇敢，那样的夜晚又多么梦幻且柔软，学校广播站里放着《知足》：

如果我爱上你的笑容，要怎么收藏，要怎么拥有……

青春陪跑无极限

✿叶 梓

我第一次见到沈丛是在高二的秋季运动会上。那时刚刚文理科分班，大家都在为高考奋战，根本没有心思参加这种活动。体育委员好不容易把参加各种运动项目的人凑了个七七八八，唯有女子5000米无人问津。我仗着自己在初中时短跑不错，毅然报了这个项目。等到我真的站在跑道上时，才发现自己是多么幼稚。

一圈，两圈，当我跑到第九圈的时候，便觉得自己的双脚仿佛拖着沉重的铅球在挪动。此时的我恨不得立马丢盔弃甲。一个站在跑道外的陌生男生突然大喊："陈佳，你可以的。不要放弃，你跟着我跑！"

隔壁班有人质疑，说这是带跑，那个男生不服气："你们看过打着石膏的人带跑吗？我不过是在为她加油罢了。"说着，他把校服一脱，果然左手臂上还打着石膏。我重新有了力气，一步一步，速度也提了上来。当顺利跑完5000米抵达终点的时候，我发现自己竟然是第三名。这时我才知道，原来那个男生就是沈丛。

沈丛还没有来上学时便是大家口中的“传奇”。因为暑假玩滑板左臂骨折，他比我们晚了一个多月报到。但是这一点儿也不影响沈丛成为标准的学霸，每次统考，他都稳居前三名。

沈丛就坐在我的后排，时常用笔捅我的后背：“别学了，我们聊会儿。”再是学霸也不能这么欺负“学渣”吧。正在题海中煎熬的我格外愤怒：“能不能不要惹我，那么多女生，你为什么就喜欢找我说话？”“我觉得你挺与众不同的。”沈丛一本正经地回答。“与众不同？”这个回答让我觉得意外。“哪有女生主动报名跑5000米啊，还是在高二这么关键的时候，你是不是……”我等着他的夸奖——太飒，太酷？“是太傻了！”沈丛的话直接给我泼了盆凉水。看着他大笑的样子，我真想把铅笔盒塞进他的嘴巴。

沈丛常在我面前摆功：“陈佳，你可要记得，我是你的最佳陪跑员。”我给他一个白眼：“是，还是带伤陪跑。”我继续做题。他探头瞟了一眼：“错了，选B。”我愤愤不平：“你聪明你来。”

不得不佩服沈丛，他讲题简单易懂，曾绕晕我的各种公式在他的梳理下变得清晰有条理。不知从何时起，沈丛成了我的专属辅导老师，帮我答疑、讲解试题。我原本不尽如人意的成绩因此直线上升，闯进年级前五十名。作为回报，我每天都会带些零食给他，他会心一笑，照单全收。

有一天，聊到最想去的地方，沈丛故作神秘地说：“我想去冰岛。知道冰岛不？靠近北极圈。”“你想当因纽特人，和北极熊打架？”我打趣道。

沈丛却变得格外认真：“没开玩笑。你知道吗？曾有一架飞机因为天气恶劣而耗尽燃料，最后迫降失败，坠毁在冰岛的黑沙滩上，幸运的是机上人员全部奇迹生还。但是那架飞机的残骸一直遗留在冰天雪地中。那是一架被世界遗忘的飞机，我想去看看。”他的眼睛闪闪发亮，好像那架飞机就在眼前。

因为我和沈丛几乎形影不离，有人开始传我们在早恋。很快，班主任将我们喊到办公室，还请了我们的家长。最初，我和沈丛大眼瞪小眼，一脸茫然。等到明白事情缘由的时候，沈丛跳脚喊道：“我怎么可能喜欢陈佳，她又傻又迷糊，哪有点儿女生的样子。”我也不甘示弱：“我更不可能喜欢你，你大头大耳的，一笑眼睛都不见了，学习再好我也不稀罕！”班主任和家长们看着我们毫不掩饰对彼此的各种嫌弃，哈哈大笑。我和沈丛气鼓鼓地看着对方，随后也禁不住笑了起来。

后来，沈丛是这样解释我们俩的关系的：“马拉松运动员都需要陪跑员，随时为他们提供补给、加油鼓劲儿。我就是陈佳的陪跑员。”我大笑着点头：“没错，等到了终点，我们就分道扬镳。”

两年后的高考，沈丛考上了心仪的大学，我发挥失常，以5分之差与心仪的大学失之交臂，去了西北的一所大学。我对未来感到迷茫，不知何去何从。沈丛不断地给我打气："陈佳，人生就是一场马拉松，千万不要被一时的落后吓退，我等你。等你重返赛道，我还是你的最佳陪跑员。"

大四的时候，我终于决定加入考研大军，但因为信息闭塞，一时不知从哪儿入手。我给沈丛发短信："我想考研，却觉得自己是孤军作战。"不到一周的时间，我便收到了沈丛寄来的最新考研资料，里面密密麻麻都是画好的重点。沈丛发来的信息只有3个字："我陪你！"

就这样，我和沈丛相约一起考研，他会把最新的考研资料发给我，每周六我们还会通过视频进行交流。我在宿舍里成了另类，有个舍友酸酸地说："就我们这所破学校，还想考研，简直是天方夜谭。"我的眼泪不自觉地夺眶而出，沈丛在视频那端看到后，说："别理她，她根本不知道你有秘密武器。你一准可以考上。""秘密武器？什么？""我啊，最佳陪跑员！"沈丛自信又诙谐的样子，让我破涕为笑。

在考研的前一天，沈丛不再讲题，反而讲着各种笑话让我放松。最后，沈丛说："等我们顺利'上岸'后，就一起去冰岛吧。我想带你去看看那架飞机。"

临上考场的时候，沈丛还发短信告诉我说，不要紧张。我一想到沈丛也在答题，心里一点儿也不慌了，笃定地涂写着答题卡。所有的努力没有白费，我终于考上了心仪学校的研究生。当我兴奋地把消息告诉沈丛时，我才知道，他并没有去参加考试。前段时间的一场车祸，让他失去了母亲，他的父亲也在ICU里抢救。为了不让我担心，他一直隐瞒着。

沈丛拒绝了相见，只发来一条短信。他说："祝贺你梦想成真！从现在起，没有人再陪你跑了，漫长的人生马拉松需要你独自继续勇敢地跑下去。"

我和沈丛的联系越来越少，到最后我们只能通过微信朋友圈知道彼此的近况。回到小镇的他选择了一份安逸的工作，而我的研究生生活每天都新鲜紧张，我也因此斗志满满。因为成绩优秀，研二那年我获得了做交换生的机会，可以去北欧学习一年。临行前，我依然没有见到沈丛，他也没有给我发来只言片语。

寒假正值新年，我和朋友一起去了冰岛。在一片皑皑白雪中，我见到了沈丛说的那架飞机，它好像真的被全世界遗忘了一样，孤单地立在冰天雪地中，像一头沉睡的鲸鱼。奇怪，我竟然觉得它会随时醒来，重新开始畅游。

此时，我的脑海里闪过无数与沈丛有关的镜头。"知道他们为什么能生还吗？因为彼此的陪伴，他们才度过了漫长的等待。"好像昨天沈丛还在给我讲有关这架飞机的故事，今天我们却已相隔万里。

我用几乎冻僵的手拍下那架飞机的照片，给沈丛发过去，并写道："我不想再让你当我的圈外陪跑员，郑重邀请你加入赛道，我们一起向前冲！"当瑰丽的极光在夜幕中闪烁时，我的手机屏幕闪了一下，沈丛的消息跳出："一言为定！"

人生是一场马拉松，感谢你成为我青春的陪跑员，这一次我们相约一起奔跑，永无极限。

外表 分数

✽肖爻悄悄

结果只是最小的奖励，过程才是最大的意义。

因为父母工作的调动，高二时我转学到了一所省重点中学。

三个月以后，我已经和班里的很多同学打得火热，加上我成绩不错，嚣张气焰险些烧掉头发。我做出的第一个举动，就是在课堂上明目张胆地打瞌睡。

我们的数学老师兼班主任王老师，四十多岁就秃了顶，目测只有一米五几，同学们私底下给他取了个外号——根号二。

王老师总是在我打瞌睡时，将粉笔掰成几小截，一次一次地砸向我。多次下来，见我屡砸不改，便把我请进了办公室。

“你真有那么困？说吧，真正的原因是什么？”王老师问我，口气友好得仿佛要和我交朋友。

“是真困。”我绝不轻易上当。

“得了吧。”王老师干笑几声，摸了一把自己的脑袋瓜，“我在讲台上一览众山小。每次你挨粉笔砸的时候，我都能看见你的眼角偷偷地往右前方瞟，每次都呈 45 度角，对象坐标第三排第七列。”

我瞠目结舌。

“为了吸引某某同学的注意？”王老师笑着问。

我一言未发。

“要我给你支招儿吗？”王老师话锋一转，脸上笑眯眯的。

“据我的观察，我承认，你在班里成绩好得要命，但外表也要命。前者能得优加，后者只够及格。”王老师平静地说。

虽然王老师为了揭露真相，忽略了我的自尊心，但至少证明他是一个真诚的人。我便追问王老师：“那怎么办？”

“怎么办？”王老师摇头晃脑道，“吾日三省吾身呗：为人谋而不靓乎？与异性交友而不美乎？香味发乎？”

我料想不到教数学的王老师还有文学功底，忍不住壮着胆子说：“王老师，要不是因为你的秃头和身高，我就在教师综合评定表上给你打满分了。”

王老师摸着自己被太阳晒成棕色的秃脑瓜，自嘲道：“虽然我的脑袋长得像颗卤蛋，但里面的内容可是价值连城哟。”

我忍不住大笑起来。

自那以后，我开始买时尚杂志，一有时间就按照上面的方法包装自己。

一个月后，我化了个淡妆，喷了点儿劣质香水来上课了。因为我们学校没有穿校服的强行规定，我索性拿起剪刀把圆领T恤剪成V领。

早自习课上，王老师走过来拍我的肩膀问道：“你身上是什么味儿啊？”

“香吧？”我得意非常。

王老师朝我翻白眼：“明天上午第三节课课后，来我办公室一趟。”

第二天，我来到王老师的办公室，他从包里拿出几瓶香水小样，神神秘秘地告诉我：“我从我老婆的化妆箱里偷拿给你的，这味道好闻。”

“王老师，我不知道说什么好！”我感动得要命。

“送我你的好成绩。”王老师拍了拍我的肩，“永远别忘了，好成绩才是你的标配，穿着打扮只是你的附加值。我不是让你恋爱，只是教你如何打造自己，挖掘自己的潜力。”

王老师啜了一口茶：“奥黛丽·赫本没红之前，贫困的她有段时间只有一条围巾，但她却有17种打法。中国的女生在时尚方面应该进行早教，不是为了吸引异性，而是为了提升自己的魅力和自信。”

“老师，您还懂时尚？！”我大惊。

王老师淡然一笑，默默地打开笔记本电脑，播放了*All You Need is Love*，转身对我说：“我还懂摇滚，你信不信？”

我点头如捣蒜，不停地说：“信信信。”

在我对发型、妆容和服装搭配如数家珍的时候，我向那个男生表白却被拒绝了。

当时，在课间埋头于习题集的他是这样对我说的：“我一直觉得你很奇怪，成绩那么好却打扮得花里胡哨的。你为什么不把时间花在学习上，而是在镜子前呢？”

他不知道，女生花在镜子前的时间也是一种学习。我对如此不懂时尚的他彻底死心。倒是王老师，除了夸奖我的成绩，还夸赞起我的穿着打扮和服装品位来。

“简单自然、流畅耐看、小清新。”某次在走廊上遇见王老师，他如此评价道。

我告诉王老师对方拒绝了我。

“很好，他多了一次后悔的机会。”王老师笑着说，“肖同学，结果只是最小的奖励，过程才是最大的意义。况且，现在的你，外表分数和试卷分数并驾齐驱。”

“及格了？”

“优。”王老师笑道。

“是呢。”我也笑了。我已经在心里为王老师打了满分，他的秃头和身高被他的闪耀覆盖掉了。

多么想对你再说声谢谢

✻徐宁遥

1

初中的时候，我是一个废话很多的女孩，用当时班上的同学的话来说，是一只叽叽喳喳的蝈蝈。但这并不妨碍我交友，比如邻座的女孩经常让我陪她去打水，后座的女孩喜欢用她软乎乎的小手拉着我去厕所，班里最帅的男生让我帮忙给校花递情书……诸如此类的丰富多彩的社交活动，充斥着我的整个初中时代。

对于别人的请求，我极少拒绝，哪怕有时候我很劳累了，不想给他们传话，不想给他们抄英语作业，不想和他们去打桌球，我永远是把微笑挂在脸上，咧出看似好看的两个小梨涡。得到最多的评价好像是："她人很好呀，总是没心没肺的。"

我的每一个梦境，总会有一个内向胆小的女孩，她曾是我最要好最要好的朋友，教会了我勇敢地去做自己。

可在一次我精心策划的校级文艺节目上，其中的两个女生发生了口角，退出了节目，紧接着她们各自的伙伴也退出了节目。就在我火急火燎之际，其中一个女生还笑嘻嘻地说："你应该不会介意我们的退出吧？你总能找到其他适合的小伙伴的。你性格这么好，不会生我们的气吧？"

临近节目开始，我压根儿不知道上哪找那么多替补，也尝试过填补那两个女生关系的破洞，但事实证明无济于事。最后我和几个五音不全的男生，还有一个叫作沫沫的女孩，紧急救了场。表演的结果可想而知。班主任没有多说什么，只是一个劲儿地追问我原因。我不敢透露几个女生临时变卦的情况，只好默不作声地站立在那儿……

2

大课间的教室里依旧喧嚷着，好像没有人注意到我。沫沫从最左侧的过道绕到了我的座位旁，她小心翼翼地靠近我，轻声地说："我有个东西坏了，你可以出来帮我修一下吗？"

我收回前面凌乱的心绪，将嘴角的肌肉努力向上挤，笑了笑看着她："当然可以呀！"印象里的沫沫并不热衷参与班级团建活动，哪怕参加了，也习惯安静地坐在角落里。她成绩不算特别突出；和明艳动人的女孩相比，长相也算不上突出，甚至还有些婴儿肥，肉嘟嘟的小脸儿，笑起来有两颗好看的虎牙；不怎么说话，哪怕说话了，也是慢吞吞的，像一杯 25℃的凉白开。平时我和她话说得并不多，若不是她参加了这次校文艺节目，我们的交流可能更少。

"舒窈，你不开心吗？"她突如其来地问道，那双并不算大的、亮亮的眼睛看着我。

"我说校文艺节的……"她越说越轻，只是看着我，那双眼睛亮亮地闪烁着。

"我，我……没有不开心的……你们最后能来帮我呀，我很开心的！"我迟疑着，鼻子酸酸的，但好像想起什么似的，露出一个特别真诚的微笑看着她。

她好像还是很担忧，从口袋里掏出一个包裹着好看的糖纸的棒棒糖，是葡萄味的。她将它摆在我的手中央："这个给你。你不开心的话，可以说出来。我会听着的，不告诉其他人。"

3

那次短暂交流后，我们开始逐渐熟络起来。我们会去学校附近的馄饨铺点全家福，会去学校斜对面的罗森买棒冰，会在日落时一起驻足、流连于美景。我同她分享心中纠结了许久的困惑，她耐心地聆听着，告诉我并不一定要获得所有人的喜欢，要勇敢地做自己，勇敢地表达自己的诉求。

接下来的日子开了2倍速般，几何、代数方程、首字母填空、文言文理解题一股脑儿地冲撞进我的生活里，而我就是从清澈小溪游入湍急河流的幼鱼。我逐渐不再将视线聚焦在别人的目光上，也回绝了他们周末去滑冰的邀请，英语作业也很少给前座借鉴。那几个关系要好的男生总会发出诡异的惊呼："舒窈，你怎么啦？怪怪的！"

起初我还会犹疑，质问自己，那么简单的邀请怎么就拒绝了呢？但慢慢地，我开始沉浸在自己建构的世界里，相较那些低效的应答，我多了很多自我消磨的时光。空暇时间，我和沫沫就会相约在秘密基地——学校附近的废弃游乐场。我们坐在朱红色的秋千上，交换着彼此的秘密。我们约定读同一所高中，再到同一个城市念大学；我们约定毕业后要一起去看演唱会；我们约定在长大后合作写一部小说。

在秘密基地，有时候，我们会吐槽皮鞋擦得锃亮的数学老师；分享几个道听途说的八卦要闻：她喜欢他，他又爱恋谁。讲到入神处，唾沫星子四处横飞着，星星点点、无影无踪。她曾在-2℃的冰天雪地里陪我一起大口吃雪糕；她曾在我最难挨，最找寻不到自我的时光里坚定地告诉我她"是我最坚强的后盾，永远都是"；她曾在我从第一教室跌落至第五教室的至暗时光里教我写物理习题，做化学试卷……

4

可是，后来毕业时匆忙见上一面之后，我们便再也没有见过了。那个时候我们彼此的母亲都很严厉，留下的联系方式仅仅是一个邮箱。兴许是学业繁忙的缘故，那个邮箱打开的次数愈发少起来，后来我们再没有给彼此写一封信。那段如暖阳般照亮我生命的日子，像走马灯似的在我眼前走过。我的每一个梦境，总会有一个内向胆小的女孩，她曾是我最要好最要好的朋友，她教会了我勇敢地去做自己。

后来回想起来，的确是我中考那年彻彻底底地败北，没有考取同她约定的学校，是我没有实现承诺在先。

后来我歌听的频率越来越少，下决心写的长篇，计划也总是一拖再拖，直到不再有灵光乍现的瞬间。

但我一直想将那句迟到的却一直希望说出口的话，亲自送到她耳边："谢谢你，曾在我迷茫的青春时代陪伴着我，让我变成一个更勇敢、更敢于表达自己的女孩。"

晚风拂过你窗边

✽ 桀宁

1

原本许露久最讨厌夏天。南方的天气一热，连空气都变得黏糊糊的，教室里总有股儿清除不净的食物发酵味儿。写字久了，课本还会在胳膊上刻出一道深红痕。直到有一天晚自习结束，天空还依稀留着一抹光线，她收拾书包时站起身，无意间瞥见梁言抱着篮球奔向操场的身影。

“像夏日闪电，劈开这个光怪陆离的世界。”许露久的脑袋里莫名冒出这句话。教室在五楼，看不真切，她推开窗，一股浓郁的夏夜的花香涌上心头，沁心的清爽。

她还是第一次察觉这种温柔，为考试紧绷了一天的心松了下来。

不知道怎么回事，许露久又把书包打开，趴在空无一人的教室写起练习，一直到只剩下最后两道大题，有点儿重的脚步声传来。看久了书页的眼睛在教室白炽灯的直射下发花，许露久在一片光影里看见梁言冲她微微笑着说：“你还没走啊？”

说着，他把书包带甩到肩上，大步流星地离开。许露久也合上题册，走到楼下，一只甲壳虫飞到脸上，她兴奋地一蹦一跳了两步，反应过来后又赶忙放慢脚步。

2

那之后许露久发现，梁言隔三岔五就下楼运动，他会踢足球、跑步、跳沙坑甚至跳绳，偶尔写题写得指尖酸痛，许露久会放下笔，溜去远远地看他一会儿。

气温已经升得动一下就热得心浮气躁，梁言衣衫湿了大半，面颊微红，似乎每一根发丝都蒸腾着热气。“他不热吗？”许露久自言自语，并不觉得脏兮兮，反而喜欢看这阳光开朗的一幕。

只是，她没想到梁言这么细心，许露久看了三次，就被发现了端倪。又一次梁言拍着篮球跳跃下楼梯，许露久一路小跑跟上前，被径直走回来的梁言迎面问道：“你在看我吗？”“啊！”许露久惊得呆呆地停在原地。

四周有些喧闹，她不知道有没有同学起哄，干巴巴地说："真羡慕你体力好，我写作业写得精疲力竭，只能借一点儿你的活力了。"她的话不假，梁言脚下生风一圈圈跑过操场时，是有感染力的。

过了好久许露久才明白，那是她在梁言身上感受到了生命的张力。

这让她忍不住张开双臂，慢慢跑起来，然而却感受不到夏天浪漫轻盈的风，只有热气堵得她呼吸和四肢都越来越重。

梁言解释："我是体育生呀！说起来，我更羡慕你们这些成绩优异的人。"许露久小声说："我成绩也很一般……"

她像蜗牛，一直在慢慢地爬着，只是注意到梁言后，就好像在歌里看见了那黄鹂鸟，慢，却又偶尔能一天就爬上树梢。

3

反正被发现了，许露久索性大大方方捧着书站在一旁，偶尔梁言路过，还会给他递瓶水。有一天，他路过她身边，天边正绽放着火烧云，大片壮阔的红似绵延万里，许露久笑了："是个好兆头呀！"

梁言"嗯"了一下，许露久幼稚地双手合十："保佑我吃饭学习都顺利。"梁言笑了："怎么还有吃饭？我什么都很一般，找神仙帮忙的话，神仙得忙晕过去。"

许露久有点儿诧异："你很厉害呀！"她瞥了一眼一旁班里几个整日不学无术、考试垫底的同学，想强调说，你和他们可不一样，梁言却抢先一步感叹："每个人都很厉害啊！"

他指着许露久眼中的"反面教材"："你看他，那么爽朗仗义。还有他，你不知道吧，他是学声乐的，获得过不少奖项。"

梁言目光炯炯，充满敬佩，语气十分笃定，他是真的在赞扬每一个人，听得许露久自惭形秽，心想，还好自己的嘴不快。

聊得兴起，心血来潮午休时没回家，许露久写题目正想得投入，梁言坐到她旁边跟着看了一会儿，看她做不出来，索性静静地趴在一旁，像是在陪她。许露久低着头，假装没在意少年就在自己身旁，让她想靠近却又不敢提及。

4

这样的美好持续了好一段时间，他们之间像一艘忽进忽退的船，始终不知道要不要靠岸，但一起听到蝉鸣被蛤蟆声打乱节奏，连夏天都变得可爱了。

许露久也有点儿自卑了，她能碰得上重点班的边又如何？她早就查过梁言的成绩，作为体育生，绝对能上不错的大学，他还谈吐文雅，一切都闪闪发亮。

但十几岁的心事像花香，任大风多凶猛都吹不散，只能让香味飘散得更远。一个傍晚，操场上人来人往，许露久突然没忍住，假装随意又委婉地说："我想考上海的大学，你想不想和我一起？"

"咳。"梁言打着岔，"学校门口的小摊儿好像又多了？"不置可否般的糊弄，让许露久的心狠狠涩了一下。她赶紧配合着聊无关痛痒的话题："没错，每天都排成长龙。"可往后几天，梁言找她的次数还是少了，许露久接水时往左边走去，梁言都正巧起身出教室，像是在避开她。

可能是被影响了情绪，又一次月考，许露久退步了。昔日努力后的失落和这几日的委屈一起涌来，她蹲在水池边偷偷哭了，梁言第一刻冲过来：“谁欺负你了？”

他的眼神那么澄澈，写满担忧，许露久看得好真切。

5

两个人又恢复了“邦交”。梁言甚至找家里当老师的亲戚分析了许露久的试卷，特意为她挑选了几本练习册，掂在手里，许露久的心一下轻飘飘了——她真的错怪梁言了。

就当是患得患失的少女心在作祟吧，许露久为心里那点儿不好意思开脱。

她主动提出也想加入梁言的运动。她开始像一株蔫过却愈发挺拔的小花，重整旗鼓地学习。跳操到大汗淋漓的晚自习后，一天疲惫洗净，宛若新生，天竟然还有依稀微光，月牙儿在边上透明得像云。

不知他们聊到了什么，许露久笑得好大声，爽朗震荡在整条路上，被自己听到，又赶紧收敛了一点儿。

长大就是这样吧？许露久跟梁言说：“我发现对生活有一点儿掌控感后，会更喜欢它。”“很好啊，我先去训练了。”梁言还是很温和，说话也好听。

一直到这个无懈可击的理由连续用了好多次，许露久才后知后觉，悄悄跟上了他。梁言的确是去了运动场地，独自机器人般做一个又一个项目，许露久忍不住走到他面前：“你是不是有事瞒着我？”

少年的皮肤经过一整个夏天的洗礼，黑了一大圈。他抬起头，许露久就知道自己没猜错，站在那儿，听梁言下通牒：“我成绩那么差，别说考同一所大学了，连马上的分班考都进不了你想去的重点班！”

6

许露久眉头皱了半天才理解，呼出一声：“啊？”明明是她一直在为成绩自卑，梁言可从来没透露过一丝软弱和纠结，这是什么破乌龙呀？许露久哭笑不得，怎么能两个人同时坐在跷跷板的底端？

但她和梁言心里的疙瘩总算都解开了。许露久决定让小船随风而行，反正总有靠岸的那天。离开操场前，她对梁言说：“反正我从一开始，就没觉得你不行。”

七月流火是假象，闷热的夏天难耐又漫长。梁言被老师叫到黑板前写题，能写出一两次正确答案时，许露久已经连续考了三次很好的名次。大多数时候她已经能平心静气地学习，偶尔路过操场，会给梁言送一瓶水，叮嘱：“别中暑啦！”

一个学期连着延长课时和分班考试，呼呼啦啦在热浪里结束，新学期又在焦灼中开始。夏天好像怎么都难摆脱掉。

高三开学的第一天，许露久扯了一下黏在身上的衬衫，边走进教室后门，边和成功“扎根”重点班最后一排的梁言说：“夏天怎么还不结束？真讨厌啊！”梁言眼睛亮亮地看着她，许露久的脸有点儿烫了，于是没说出来后面的话——还好有你。

不管是考试，还是跑步，或者焦躁的心绪，什么漫长的事物，都变得闪闪发光起来。

我们生活在一个满是怪人的森林。怪人们依靠独特的嗅觉识别同类，凭借微弱的光和善良，巧妙地避开笃信非黑即白的僵硬人间。

✽玻璃沐沐

1

长达三个月的休渔期过去，海鲜最肥美的时节到来。

我和丁筱竹，还有宿舍里的女孩子们，在晚自习前偷偷溜出来吃海鲜。扇贝在炭火炉上嗞嗞作响，透明的鱼片渐渐变得雪白，皮皮虾慢慢蜷起身子。我们搓搓双手，准备开动。

忽然听到句不和谐音，来自内陆城市的丁筱竹说：“妈呀，这个章鱼腿，前一秒还活蹦乱跳的……真是罪过。”

一片沉默。几双耳朵同时默契地选择屏蔽掉那个不和谐音。

可丁筱竹放下筷子，说："不行了，闻到味道，难受，想哭。"

场面尴尬，我站起身来，把她安排在离我们八丈远的地方。

耳根终于清净，可也只安静了一会儿。丁筱竹不知道什么时候又出现在我身后，正义感爆棚地说："你们知道吗？章鱼的血液是蓝色的，虾的血液是淡青色的，这些东西，它们本是海洋动物，是人类给它们起了个名字，叫海鲜。"

2

那枚已经风干的海星，被丁筱竹珍藏起来。后来她拿出来给我看，我无意中掰断了海星的一条腕，丁筱竹嘴巴一撇，险些哭出来。我不得不手忙脚乱地安慰她，并承诺一定用最强力的胶水粘好。

有时候我觉得，和丁筱竹一比，我的心肠就是大写加粗的硬，我整个人就是一个套马杆的汉子。她简直太爱哭了，又极擅长说理，常常把一圈人说蒙，让人不知不觉就跟着她的思路走，觉得她无比正确，那些没蒙的她就用委屈巴巴来收服。

所以，连班主任也看上了她这种特质。她成了我们的学习委员，这简直是场灾难。

我一天二十四个小时面对她。在宿舍，她说："你的床和柜子最乱，你要学会整理。"在餐厅，她说："不要挑剔食堂饭难吃，你毕业以后，这里绝对会成为你最深的回忆。"在教室里，她说："你的作业，我一个字都看不清楚，麻烦你端正态度，重新写一下。"

这就过分了啊，老师都没有这么要求过我。我就要拍桌而起，可是丁筱竹轻轻地说："为避免你有抵触情绪，我陪你重写一遍。"面对这么尽职尽责的班干部，我还能说些什么？

在不需要吃饭、学习、整理床铺、重写作业的傍晚，我在学校假山后面发呆。惬意的风徐徐吹拂面颊时，丁筱竹又出现在我面前，给我布置任务。

"你周末有没有空啊？我们去赶海。你别误会，不是去捡回来煮，而是去解救那些搁浅的小鱼小虾，把它们通通扔回海里。"

我无言以对，并且被深深说服。

3

其实有时候想想，能和丁筱竹做朋友，最根本的原因，其实是我本身就是个彻头彻尾的怪人啊。

说起来，我貌似有奇怪的第六感，能预测到危险的事情，并且能成功避开。

就比如我们宿舍的人一起走很远的路去逛街，卖衣服的店老板看见丁筱竹就好像看见大肥羊，一件极其普通的裙子，丁筱竹一换上，老板和店员迭声夸赞，说她莫不是个仙女。在丁筱竹心花怒放问价钱的时候，老板报了一个明显虚高的数字。丁筱竹犹犹豫豫，颇为心动的样子，她们谄媚加忽悠的样子我看不下去，对老板说我也要试一试，穿出来后效果惊人，丁筱竹马上就不喜欢这条裙子了，当着我的面又不好意思直说太难看，只好委婉地说要再看看。店老板脸都绿了，我们迅速逃离了现场。本来说说笑笑很开心，等红绿灯的时候路口聚集很多人，车来车往，有小孩子试图冲到大马路上，我一把拉住他衣服给拽回来，结果小孩父母看见了，慌忙跑过来，厉声指责我欺负小孩，还推搡我，怀疑我是坏人。

正僵持的时候，那个似乎被吓住的小孩子突然抬起头来，眼睛亮晶晶的，末了，他用弱弱的声音对我说了一声，谢谢。

我很满足。

丁筱竹还在生气，想让那家大人向我道歉，我却拍拍手说算了，没什么大不了。

其实有时候我的脑回路确实和正常人不太一样。有时候别人觉得重要的事，我觉得不过如此。别人不屑一顾的事，我却很在意。

我的理想说起来可笑，我想当个麦田里的守望者，没有大志向，所有人都在追逐和寻找，而我，整天不做别的事，就做一个维护和守望的人。

4

我的成绩依然很差。那些晦涩的文言文总是背诵不下来，最怕被老师喊到黑板前做题。

“啧啧啧，”语文老师看到我的字发出感叹，“像蜘蛛爬。”

“又是相同的题型，”数学老师恨铁不成钢，“我讲了不下五遍，为什么总是做错？”

我拿着试卷默默坐回座位，智商掉线，连自尊心也一并碎了。我想自己需要补一补。

“你在吃什么？”丁筱竹扭曲的声音传来，吓了我一大跳。

“只是维C小药片。”我把酸甜的小药片给她吃了一颗。

“还以为你生病了，或者想不开……”丁筱竹脑回路也很奇怪。

“放心啦，我比较迟钝……可能单纯是因为笨。”

“维C挺好的。告诉你个秘密，我这么聪明，完全是因为有神奇小核桃，可以补补脑。”

“什么？”我真是信了她的胡扯。

“对了，告诉你哦，吃了维C就不能吃海鲜，会长满身的小疹子。”有人又开始科普了。

“哈哈，这么神奇吗？那我要去试试，看看是不是真的。”

“不要啦，放过那些海洋动物。”丁筱竹展开试卷，开始耐心地为我讲解起来。

无论是活成一本精准的刻板的百科全书的丁筱竹，还是不着调的像个摇摇晃晃的稻草人的我，都隐藏在生活的角角落落里。身为一个怪人，我们有着天然的自觉，时而伪装在人群，时而自我暴露，遇见彼此，酝酿出一种像两只蚂蚁一样碰碰触角随后分道扬镳的感情。

就是这样的呀，我们生活在一个满是怪人的森林。怪人们依靠独特的嗅觉识别同类，凭借微弱的光和善良，巧妙地避开笃信非黑即白的僵硬人间。

玫瑰万有引力

等风起，等花落，等我们的下一次相遇。

爱情是流动的，人心是会变的。
再热烈，也不过是曾经。

月光似沙漏，风过旧时楼

※柏 颜

1

“周时安，限你15分钟洗头、化妆，然后滚下楼来。”

“老娘就不信，今晚才俊云集的外滩18号，就给你捞不出一枚真命天子。”

“限你5秒上车，别害我被开罚单！”

难怪网上都说，不要靠近那些婚姻幸福的闺蜜，因为她们会不择手段帮你相亲。尤其是事业有成、英年早婚的这一类。

比如，此时此刻正在楼下摁喇叭的程微微。

对天发誓，我收到微信的时候，已经洗漱完毕正要钻进被窝安歇。昏昏欲睡实在没有力气捯饬自己，换上一条水泥灰的休闲连衣裙和人字拖，抓上手机就一路小跑进了电梯。

果然一上车就挨了程老板一通批评，“周时安，我出门遛狗都穿得比你这一身体面。”

我掀下头顶的化妆镜，略略端详自己一番。素面朝天的脸上，雀斑一览无余。头发是刚洗过，但因没有吹出造型而凌乱。

“起码涂个口红提提气色吧？”程老板一边开车，一边不知道从哪抠出一支口红递给我。“周时安，你难道没有听说过吗？只有懒女人，没有单身女人。”

……这句话是这么说的吗？就在我打呵欠的工夫，程微微已经一脚油门到了外滩 18 号，也就是她今夜的主场。

还没走近，已经嗅到浓郁的白兰花香。这场晚宴其实是程微微帮某时尚品牌策划的造势活动。受邀而来的，不是品牌 VIP 客户，就是粉丝过千万的头部网红。

坦白说，我置身其中不免有些自惭形秽。只能默默端起一杯香槟，远远坐在角落端详上台致辞的程微微。此时此刻，她穿着香奈儿的白色套装，整个人美到发光，再也不是那个只知道埋头刷题的小女孩。

而她的豪门丈夫，此刻则化身摄影小哥，丝毫不顾及形象地半蹲半跪地给她拍照，哪怕是帮她跟众多颜值小鲜肉主播合影，也表现得大方得体、毫无怨言。

说不羡慕，多少有些虚伪。我爸妈也时常感慨，看看人家微微，小山村走出来的中考状元，不仅事业成功，挑老公的眼光也是一等一的好。

“再看看你，周时安。工作是我跟你爸安排，房子也是我们替你早早准备好，就剩下找对象这一件事，你就不能上点心！”

“再过两年你就 30 岁，我跟你爸也不知道还能陪你几年……”往往催婚的尽头，就是道德绑架。作为一个孝顺的江浙沪独生女，我只能嘴甜回应：明天我就找个老公。

但事实是，我根本不想恋爱。这些年我也浅浅交往过几个不错的男孩。

他们无一例外，身高 180cm，工作要么在体制内，要么在父母的公司当高管。硬件条件自然是门当户对，但我总觉得这样权衡利弊的感情，算计大过真心。

公司里追我的男同事，也都是事先打听我的家境学历，才热情似火地穷追不舍。被我“不识好歹”婉转拒绝之后，又会在背后咬牙切齿评价：装什么清高。

全世界大概只有程微微懂我，27 岁生日的晚上，她翻出我的微博小号上跟肖眠宇的合影。

“承认吧，周时安，你就是旧情难忘。”

2

大学军训那年，我们教官管束得格外严格。不光吃饭洗澡要限制时间，就连行李箱偷偷塞的零食都被搜刮精光。

我跟程微微只能偷偷打开手机点烧烤，跟特务接头似的把快递小哥约在宿舍后面的围墙处。那天我也不知道饿得头脑发昏，还是夜太深没有看清脚下的路。

刚从快递小哥手上拿到外卖，脚下就不听话地崴了一下。一个路过的男生好心扶了我一把，结果就被我泼了一身的酸梅汤。

你应该也猜到了，他就是肖眠宇。不知道为什么，当时羞愧交加的我，看到他一脸无语的表情，竟然莫名扑哧笑出了声。以至于熟稔之后，肖眠宇每每提起和我的相遇，都会笑着说：

“周时安，很奇怪，你是那种哪怕被

你冒犯，也很难对你生气的女生。”

后来我满心甜蜜地转述给程微微听，她眨着眼睛，一语成谶：我感觉，你俩有戏。

军训结束后的周末，我就收到肖眠宇发来的消息，约我去徒步。说是他哥们突然拉肚子，空出一个名额，问我有没有兴趣。

当时我这个户外小白哪知道徒步是什么意思，以为就是愉快地聊聊天，散散步。结果去了才知道，原来是一群人被拉进山里步行 10 公里，自备干粮和水。

用程微微的话说，那一整天我把这二十多年落下的体育课全补上了，走到头脑发昏，四肢发抖。好在有肖眠宇陪着说话打气，最后更是连背带拽，总算在落后大部队一小时后顺利出山。

据程微微回忆，我就像一条死狗一样被肖眠宇背回到宿舍门口。我瘫痪整整三天，肖眠宇就帮我上课记笔记，就连点的外卖都会亲自送来，追我追到尽人皆知。

第一次正式约会，他不小心帮我点了冰咖啡。后来得知我生理期，就一直试图用手帮我焐热。白天见面还是晴空万里，吃完饭出来却突然倾盆大雨。他就脱下外套把我裹得严严实实，后来我只淋到一点雨，生龙活虎。他却高烧躺了三天。

大三那年外文系校花在微信上给他表白，他立刻就给我打了视频电话。我后来问他就没有一点动心，他说，谁让你出现得更早一些。

那时候我沉迷恋爱约会，程微微却忙着实习创业，把事业搞得风生水起。

肖眠宇比我大两届，早早跟大厂签约，开始了忙碌的 996 生活。在同学都开始投简历，为面试奔波的时候，我靠着父母的关系，心安理得地按部就班写论文拿 offer。

每天最大的乐趣就是跟着网红视频学做饭，一开始肖眠宇还很捧场。但时间长了，他工作压力越大，就越不爱跟我聊天。好几次，我说得眉飞色舞，他敷衍得明明白白。

有一次我问他，是不是感情变淡了。他皱着眉说，能不能别闹了。

然后我们开始吵架，从我控诉他陪我的时间越来越少，一个月都看不上一场电影。到他不耐烦回我：能不能别像个小孩。

都说分手总是雨天，搬出他家那天，我没有带伞。肖眠宇也完全没有追出来的意思。之后我拉黑他的微信，过了一周忍不住又加回来。他通过了申请，我们却变得无话可说。

再后来，我主动发过去一个表情包，发现被他删除好友。不吃不喝哭了两周，开始听爸妈的话好好上班。

转眼五年过去，程微微开公司、做直播，干得风生水起。而我按部就班地上班、升职，相亲。却再也没有一个人，像肖眠宇一样走到我心里。

直到在这个月光似沙漏，江风不知愁的夜晚，程微微远远地冲我挤眉弄眼，示意我往右边看一眼。我微微一侧身，才在微醺的眼眸中，见到朝我款款走来的肖眠宇。

黑色针织衫配米色长裤，还有一头精心打理过的短发。我感慨好久不见，他轻轻点头：五年三个月零八天。

3

那天我们坐在黄浦江边，从夜色如墨

聊到天光泛白，恨不得把缺失五年的时光都补回来。

我问他为什么这么多年不曾联络，他委屈巴巴地翻出一个学长三年前的朋友圈，我才知道，穿着伴娘服跟新郎合影的我，被他误会是我的婚礼。而我多少次忍住没找他的理由，也是不记得从哪听闻他有了一对龙凤胎。

午夜的江风寒意绵绵，我轻轻抱住双臂，被肖眠宇从背后轻轻拥住。他在耳畔轻轻低语：这一次，要么你再拉黑我一次，要么就这样纠缠到尽头。

那天我沉浸在久别重逢的巨大喜悦里，甚至忘记问，他是怎么遇上了程微微。

直到我搬到肖眠宇公寓，看到他帮程微微拟好的离婚协议，才后知后觉，他是程微微的离婚律师。一周前，程微微在律师楼遇上他，才有了后来我们的重逢。

我顶着满头问号推开程微微的办公室门，她正在跟下属核对接下来两个月严丝合缝的工作行程。我认真端详她，甚至有点恍惚，这哪是正在办理离婚申请的女人，除了眼下微微泛青的黑眼圈，她简直比我这个热恋中的小女子还要容光焕发。

不知道为什么，原本急匆匆想要质问她的那些话，突然一下子全都问不出来了。

程微微让助理帮我煮了一杯咖啡，忙完一场线上会议才抽出五分钟向我交代一切。简单来说，就是她发现自己不再爱了。他们已经分居一年半，而我作为她最好的朋友竟然毫无察觉。

“可是为什么？程微微，你还记得当时有多喜欢他吗？哪怕他多跟别的漂亮女孩说一句话，你都会作天作地。每个生日纪念日……”我越说越激动，直到程微微轻轻摇摇头。

她说：“也是到现在才知道。爱情是流动的，人心是会变的。不爱就是不爱了，没有移情别恋，但就是此情不再。”

我不知道为什么，她婚礼上那些浪漫镜头纷至沓来。他们曾经那么相爱，那么幸福。程微微虽然事业出色，但出身太低被婆家挑剔，是她先生不顾一切站在她身边，予她盛大婚礼，予她全部的事业支持。

“可是再热烈，也不过是曾经。”仅仅聊了不到五分钟，程微微助理就来敲门催促。她匆匆去工作前，甚至给我递了一张纸巾。

后来我收到她去澳门出差发来的微信，她说：“周时安，我不知道多羡慕你。喜欢一个人，哪怕五年不联络，再见面依然爱到义无反顾。”

她说：“这样的热烈爱情，我恐怕不会再有。”

五天后，她离婚的消息被圈子里传得铺天盖地。许多看她不顺眼的人，都忍不住恶意揣测一番。还是她前夫专门注册了ID帮她辟谣。爱时轰轰烈烈，告别也体体面面。

而我跟肖眠宇还没见过家长就领证了。他担心我父母知道会怪他礼数缺失。我却觉得，拥有纯粹爱情的机会已经不多。

人生二十几岁，琼楼玉宇万千花灯，繁华热闹好不漂亮。可我绕开人海朝你走去，不管这一生能爱多久，只愿此时此刻，我们花好月圆。

人间剧场

✽孟一柯

曾经有人说起过，
这世间百分之九十的不承认都是真的。

1 /平行世界/

陈司儒和岑悦曾认真讨论过平行世界这回事。

当时两人杯中的咖啡有些凉了，陈司儒轻晃杯身，语气有些黯然："以前我是完全不信的，后来父亲脑梗离世，我急急忙忙赶回来，最终没见上最后一面。晚上守夜，整夜不困，总感觉他还在我身边，就是从那时候开始，我相信是有平行世界的，我们惦念的人，其实只是暂时地离开我们。”

岑悦说：“我从很小的时候就坚信了，在另一个时空，肯定会有另一个一模一样的我，我们可能会做相同的事情，但结果可能全然不同。”

陈司儒好奇：“为什么啊？”

对方语气黯然：“我妈是完美主义者，一直想要一个完美女儿，可惜我不是，但我希望她能如愿。”

那是个台风过境后的午后，风停雨歇，空气中弥散着植物与泥土的混杂气味，就在一个小时前，狂风暴雨最肆虐的时候，陈司儒店前的一棵长了几十年的枫香树被连根刨起，狠狠地砸在食客的奔驰车上。

在楼上吃饭的客人闻讯赶来，但雨太大了，天地一片混沌，像是末世。陈司儒安慰他：“现在冲出去挪车也是无济于事，还得冒着风险，这种情况保险公司会赔付的。”

说完他又加了一句：“如果保险不赔，我来赔。”

安抚完客人，他的余光瞥到厨师长齐叔正背着手站在离他不远处的门边。

“今天的预订我已经打电话一一取消了，齐叔，等会儿雨停了，您就回去休息吧！”陈司儒转过身对齐叔说道。

他是这间老字号酒楼乾德楼的继承人，相对当下那一茬又一茬但总是气数很短的网红店而言，乾德楼的食物价格并不亲民，但客人却很固定，他们对食材和烹饪品质要求很高。

陈司儒清楚，店里能够保持着数年如一日的水准，齐叔厥功至伟。

“明天我要去备货，后天有老顾客预订了七件子。”齐叔说。

陈司儒一愣，“您答应做这道菜？”

“七件子”这道菜曾经是乾德楼的特色，需要备好整只鸡、鸭、火腿、蹄髈、鸽子、鸽蛋和麻雀，处理干净后同锅慢煨，全程不放调味全凭食材本身提鲜，开锅时镬气腾腾，是滋补佳品。这道菜做起来太繁复了，点的人也不多，陈司儒更新菜单的时候第一个便将它从“需预约”那一栏划去了。

齐叔没有理会他，转身便进了后厨。

过了片刻，岑悦的电话打了过来：“嗨，你今天在店里吗？我在附近，能不能过去吃碗面？”

不久，她便一头冲进门来，浑身湿透，在地上印了一摊水渍。

陈司儒没有多问，一边带她去更衣室拿吹风机，一边立即吩咐后厨煮面。他走得很急，岑悦个子不高，跟着有些吃力：“走慢点啊，体谅点我们哈比星人行么！”

陈司儒被逗笑，转身看了她一眼：“那么恶劣的天气还在外面跑，你不要命了？”

岑悦一时语塞：“你这有喝的吗？”

“有热咖啡，我今天刚磨了豆子。”

2 /香水搭讪/

陈司儒和岑悦并不是情侣，相识也很偶然。

大半年前岑悦在一家新开的健身房办

了卡，充值了五千元钱，三年期限。和很多办卡的女生一样，办卡全凭一时兴起，想着反正来日方长，她并没有立刻开始健身，等隔了两个月再去的时候，发现她花钱的那家健身房已经人去屋空，消失得彻彻底底。

岑悦不久前刚买了一套小小的公寓，五千元对此时的她来说不是一笔小钱，意识到事情的严重性时，她顿时蒙了，拿出手机出神了好久，不知道要打给谁。

健身房对面是一间早教中心，门口的长椅上清一色地坐着很多年轻的爸爸妈妈，像商量好了似的，大家埋头看着手机，没有人注意到不远处有个女孩正慌张到眼角含泪。

陈司儒是那天第一个靠近她的人。

其实只是经过而已，他从手扶电梯上来，很快地从岑悦面前经过。起初岑悦的余光只瞥到一抹黑影，抬起眼来才发现这个男人身材颀长，穿着一套笔挺的西服，面容清癯，目不斜视地走了过去。

“哎……”她叫了一声，“请问一下……”

说不清是为什么，她直觉这个男人或许能帮帮她，陈司儒闻声顿住了脚步，有些疑惑地转脸看她。

岑悦指了指关门的健身房：“你知道这里怎么回事吗？”

陈司儒径自答道：“倒闭了。”

“是被查封了才倒闭的？”她吸了吸鼻子，努力地想要镇定一些。

“明显是跑路了吧。”

然后对话便陷入僵局，这时，不远处的早教中心下课了，人声喧腾，岑悦被这份司空见惯的热闹刺了一下，不觉间眼眶又红了。

等回过神，发现陈司儒已经走了，没有过多迟疑，岑悦果断地跟了上去，沉默地走了几百米，陈司儒很无奈地停下来：“我不是健身房老板，真的。”

说完，又认真地建议她：“报警吧，说不定有用。”

岑悦说：“我没跟你讨债的意思，就是你身上的香水味很好闻，KENZO的风之恋，我的初恋一直用这个味道。”

后来他们曾好几次回忆起这个场景，陈司儒每次都忍俊不禁：“用香水搭讪这个桥段太烂了吧，像古早的爱情片。”

岑悦嗤笑一声：“谁稀罕搭讪你？这个年代，哪还有男生用风之恋？是你比较老古董吧！”

那天岑悦在陈司儒的建议下报了警，那时她才知道，自己并不是唯一的受害者，被坑钱的人太多，几乎全是像她这样年轻耳根子又软的女孩。“但你为什么那么晚才报警？”警察问她。

岑悦一愣：“交完钱不久我接到一份工作，很忙，一直没空。”

挂完电话看到陈司儒正斜睨着她：“怎么样？钱能追回来吗？”

“不知道，”虽然如此，她的心情却平复了不少，“但是谢谢你，我知道楼下有家不错的店，要不要请你吃点东西？”

陈司儒摇了摇头。

“为什么啊？”

“你有预约吗？”

“没有……是哦，现在这个点没有预

约大概是吃不到了。”岑悦悻悻。

“不一定，你去对店员说，请齐叔煮一碗面，应该可以吃到已经停售的秃黄油拌面。”

岑悦将信将疑地去了楼下的乾德楼，按照陈司儒说的，果然有一个精神奕奕的厨师给她端来了一碗油滑鲜亮满是蟹膏与蟹黄的面，齐叔一边把面放到岑悦面前，一边笑骂：“司儒这个臭小子，卸螃蟹的时候不见人影，送东西出去倒是积极得很！姑娘，来，你好好尝尝！”

3 /商人重利/

岑悦这才知道自己偶遇的人便是城中鼎鼎有名的乾德楼的老板，吃完那碗面没多久，她换了工作，去了一家自媒体，开第一个选题会的时候有人提到了乾德楼，陈司儒的名字一时间被会场的小姑娘们津津乐道。

“陈司儒肯定算是城中的钻石王老五了，长得帅，而且业务能力很强，他继承家业后，接连开了几家分店，生意都很火爆。”

“而且这个人很有故事性啊，留学背景，据说是被迫回来继承生意的，他自己并不想做中式餐饮。”

“对，我也听说了，而且很悲情，有人说他父亲离开第一天，他就被竞争对手问候了，直接打电话向他挑衅……”

岑悦终于插了一句：“这也太扯了吧，真有电话问候这种事，也不可能被别人知道然后爆出来啊！”

“那可不一定，陈家的生意经年红火，肯定也结下了不少宿怨，餐饮界倾轧向来很厉害的，而且乾德楼总店的主厨前不久还拒绝了米其林……反正关于这家店，八卦很多，大家都想看，值得去挖掘。”

主编也点头：“撇开八卦，能合作也行啊，但听说他家一直不做推广。”

岑悦被这场会的信息量轰炸得头大，没等她反应过来，就听到主编抛来了任务：“岑悦，你去试试吧，看能不能想办法和乾德楼那边谈谈推广。”

岑悦愣住了，这段时间时不时会想起陈司儒，他有一双漫不经心的眼睛，西装和衬衫的衣领熨得很挺括。并且，他有她喜欢的味道。

后来岑悦连续两次跑去乾德楼，都没遇上陈司儒，倒是第二次去的时候刚好碰上打烊，齐叔换好衣服出门，两个人撞了个正着。

“您好，我是上次来您这里吃面的……”

齐叔笑道：“我有印象，加料的面。”

岑悦有些赧颜：“请问老板在吗？我是来找他谈合作的……”

“合作？你没有直接联系他吗？”齐叔说，“最近城北开了新店，那家伙天天忙得不着地。”

齐叔说完，补了一句：“这家店一直不参与什么合作的，姑娘你可能要白跑了。”

但最终，齐叔还是给了她陈司儒的联系方式，回去的路上，岑悦拨通了电话。

说明来意，果不其然，陈司儒果断拒绝了她。

岑悦无奈，正准备挂断电话的时候，

对方突然来了一句："你的钱追回来了吗？"

"欸？"她一愣，"我没说我是谁啊，你怎么知道是我？"

她觉得陈司儒每天要见那么多人，肯定已经不记得她了，很意外，他竟然记住了她的声音。

那头低低地笑了："我这个人呢，比较小气，你什么时候还我面钱？"

岑悦翻了个白眼，暗忖着，什么矜贵公子哥，明明就是商人重利。

她并没有察觉到，握着电话的自己，正嘴角轻翘，脸上有着别样的神色。

4 / 某种实体 /

没做成生意，但他们渐渐成了朋友。

"你知道自己被坊间热捧为钻石王老五吗？"有一次，岑悦好奇地问。

陈司儒摇头："不清楚，我朋友不多，没人跟我说起过。而且我觉得这个说法太难听了，太土了……"他做了个嫌恶的表情。

"说来也很巧，我去这家公司遇到的第一个选题就是你哎，大家说了一堆你的八卦，亦真亦假。"

"哦？"他露出一个饶有兴味的神情，但随即眼中的笑意渐渐沉下去，"可惜我并不想知道。"

"说实话，我也没有兴趣，我后悔了，过阵子打算回原来的圈子工作。"

此时他们在一家时下很火的轻食店吃饭，并不是提前约好，而是恰好两人都在附近工作，岑悦给陈司儒发了信息："请你吃饭，抵面钱。"

陈司儒是咖啡爱好者，但这间餐厅的咖啡却叫他再三皱眉："有股泔水味。"

岑悦差点一口柠檬水喷出来："拜托，这杯咖啡很贵的。"

但他再也不碰了，埋头吃了几口沙拉，岑悦注意到他胃口很小，"你吃这么少，是不是等会儿回去还得加餐？"

"不啊，乾德楼的菜吃了几十年，我早不吃了。"

"你们不是一直在开发创新菜吗？"

"但一家店的口味、气质是不会变的啊。"说完，他把话题带过，"那你做自媒体之前，在做什么呢？"

"也算和媒体有点关系吧，一直做导演助理。"说完，她说了一个导演的名字，陈司儒手中紧握的叉子放下了，"名气那么大，那你肯定很棒，为什么要离开那个圈子呢？"

"因为失恋了。"岑悦说。

她的语气中有明显的故作轻松，"做那份工作总是要时不时消失一阵，像某些超级英雄一样。但我并不是去拯救人类，工作就是工作，我始终认为，全世界所有的工作都是无趣的，即使是些有趣的事情，成为工作以后，那种有趣也会渐渐消失……"

"所以你换了一份不用消失的但同样无趣的工作来止损？"

"其实原本是想先减肥的，但健身房卷款逃跑了……唯一庆幸的是，报完健身房之后我接到任务，跟着剧组去山里住了两个月，条件太艰苦，每天早出晚归，用完一个Q装香水之后拍摄结束，被放了出来，人也跟着瘦了。”

她又一次提到香水，陈司儒多嘴问了句：“让你失恋的人，是不是跟我撞香的那个？”

岑悦连连摇头。

陈司儒浅笑着调侃了一句：“这么看来，你的生活并不无趣。”

买单的时候两人抢着付钱，因为是工作日，堂食的人并不多，两人的动作引得旁边等待的外卖员连连侧目。

岑悦有些窘，最终没拗过陈司儒。他们离得很近，她的鼻翼间尽是他身上的味道，那款香水的后调是麝香和雪松，杂在一起，慢慢地，好似凝成了某种温暖的实体，让岑悦莫名生出一种离奇的宿命感。

5 / 天台咖啡 /

后来在那个台风天，岑悦第一次喝到陈司儒煮的咖啡。那时风雨已经平息，陈司儒觉得室内太闷，便提议去顶楼天台喝一杯。

他取了杯子，用保温壶灌好咖啡，和岑悦一起爬上天台。

陈司儒的咖啡果然醇香，岑悦抿了一口，满足地眯起眼睛：“好香。”

女孩淋湿的头发已经吹干，此时仍有风，将她披散的头发吹得有些凌乱，素着的那张脸上，眉眼清清淡淡。

在此前，陈司儒从没想过会有这样一天，他会和一个只有几面之缘的女孩坐在这天台喝咖啡。

“工作真难啊！”岑悦突然没头没脑地感慨了一句。

“你不会又想回剧组了吧？”

岑悦答道：“倒确实接到之前合作的导演的邀约，但我还在考虑，毕竟现在的工作一直没什么起色。”

也许是咖啡因叫人清醒，他们絮絮地谈起了很多事情，岑悦甚至说起了不久前经历的那次分手：“那阵子好沮丧，又颓废又自卑，觉得自己一无是处。但我这个人，自尊心大过一切，难受得要死也没有联系他求复合。”

陈司儒思索了一会儿，“到底是什么样的神仙男孩能让你那么痛苦？”

“就是一个普通人，但是特别贫，比如说，他来我家接我的时候迟到，问他怎么回事时，他就发来一张路况截屏，花花绿绿的，他说你自己瞧，堵车堵得像Gucci。”岑悦回忆着，她已经非常平静。

“人生中类似的分别很多，”陈司儒说，“外人看来，乾德楼的生意越做越大了，客源稳定，新店生意也好，但其实困难重重。”

岑悦很意外：“啊？”

“齐叔早就想退休了，一直念及与我父亲那么多年的交情在继续帮我，我也想让他早日安享晚年。但我们都清楚，如果他离开，凭我自己，很难把这家业稳妥继承下去。”

“我听说你之前在国外读书……”

陈司儒默认：“年少叛逆，不愿接受家里的安排，硬是坚持出国读书，还去学了西点制作。”

岑悦意外，但随即了然：“难怪你那么爱喝咖啡。”

“是啊，希望在平行世界的那个我，能早点觉醒，不要让父亲那么伤心……”说到这里，他偏过头去，“齐叔说，我爸临终前始终放不下我，拜托他要尽力帮我。所以，有些事情上，他顶着一把年纪还要亲力亲为，我一边自责，一边又无能为力。”

话到这里，两个人沉默了下去。咖啡已经凉了，伴着拂面的风一齐滑进口腔，异常苦涩。

6 ／辗转心事／

那个台风天，也许是无意地触碰到彼此内心隐秘或平时难以启齿的部分，陈司儒和岑悦隔了许久没有再联系。

性格中纠结的因子作祟，岑悦不痛不痒地继续着手头的工作，迟迟没有提离职，而导演那边的回复是：不急，你可以再考虑，离开机还有一阵子。

公司年轻女同事居多，常常一起约下班后去逛街聚餐，岑悦参与了两次，第二次是去乾德楼总店附近的一家川菜馆。

饭点永远需要排队，岑悦主动提出去帮大家买喝的，她从同事堆里离开，去了不远处的那家跑路的健身房，店面仍旧大门紧锁，对面的早教中心外面依然整齐地坐着两列等待的家长，她站在那里，突然有一种时空交错之感。

如果真有平行世界，那现在的自己，究竟是时空中的哪一个自己？她要如何辨别？

如果真有平行世界，那下一秒，眼前的手扶电梯上，会不会出现一个穿西装的男人，沉默着拾级而上，给手足无措的陌生人提供安慰？

她隐隐地期待能与陈司儒再次偶遇，但这并没有发生，她倚靠在墙边，在手机上下单给同事的奶茶。

拎着奶茶回到川菜馆，同事们已经就座，并且多了个男生在场，她们和岑悦介绍：“这是沈一苇，我们之前的同事，现在出圈自己创业啦！刚好遇到，大家一起吃一顿呗！”

岑悦客气地笑了一下，眼风扫过，只见男生很白，蓄着很短的胡须，修剪得当，因此并不显得邋遢。

“来，新旧交替，岑悦，一苇，你们俩坐一起吧！”

川菜馆内此时正播着一首粤语歌，第一句便是“在一起看每出戏，在一起叹每口气”，岑悦有些走神，一口咬碎一颗花椒。

她并没有表现出来，只是默默地大口喝水，一杯尽了，旁边的男生很自然地给她杯中加满凉茶。

同事们聊了很多琐事，突然有人对岑悦说：“听说老大准备提前让你转正哦。”

“为什么？”岑悦诧异。

“不意外啊，你工作那么认真，给他创收不少。”

岑悦没作声，倒是旁边的男生先举起了杯子：“那就为岑悦转正干杯吧。”

刚才咬碎的那颗花椒的余威久久地留在她的口腔里，连同她的神经，仿佛也被刺激到麻木，岑悦咬着唇挤出一抹笑，心里却没来由的很不是滋味。

她搞不清自己为什么突然变得那么别扭。

吃完饭大家各自散去，岑悦不想立刻回去，于是去楼下的商场逛了逛，商场正在举行周年庆，趁着打折她买了两盒面膜。

拎着面膜又漫无目的地晃荡了许久，她终于下定决心，去了趟乾德楼。

7 / 与我常在 /

陈司儒并不在店里，岑悦不死心，继续问店员："那齐叔呢？"

"抱歉，厨师长今天也请假了。"

她便只能折返，在路边打车的时候才发觉夜晚已经开始有了凉意，空气中隐隐约约有桂子的香气浮动。

这一季特别漫长的夏天，终于过去了。岑悦有些落寞。

一辆黑色的沃尔沃在她面前停下，车窗摇下，是今晚同桌的那个男生："嗨，需要送你一程吗？"

确实有些清寒，岑悦犹豫了一会儿还是上了车。

男生的车开得很稳，岑悦报了自己的地址，再三表示感谢。

两人不咸不淡地聊了几句，对方突然问她："你很喜欢陈奕迅？"说完，可能意识到这个问题有些突兀，便又加了一句，"今晚店里放他的那首《与我常在》时，发现你听得很专注。"

"是啊，很久以前就喜欢听他唱歌，曾经特地去红磡听他的演唱会。"

男生很惊讶："是吗？说出来你可能不信，我也去红磡听过，而且那一场，他唱了《与我常在》这首歌。"

也许再往下追溯，他们可能会发现，他们曾在同一天去往香港，在红磡听同一场陈奕迅演唱会，甚至在结束后于同一家深夜餐厅吃一碗牛杂。而这种经回忆放大后的巧合，往往会滋生出更多的幻想与吸引，赋予两个原本陌生的人以不一样的意义。

岑悦有些排斥这样的剧情，于是她来到家后即刻逃离了那辆车，没有将那个话题继续延伸下去。

晚上躺在床上辗转反侧，迟迟不能入睡，突然手机收到一条陌生的信息："我是沈一苇，你的面膜落在车上了。"

岑悦怔住了，很快，第二条信息又发了过来："需要明天送到公司吗？或是快递给你？"

她没有回复，只觉得心烦意乱，过了一会儿，又有信息响了起来。

这一次，不再是沈一苇。

"店里的同事说，今天有人来找我，没有留联系方式，我在想，是不是你？"是陈司儒。

岑悦想都没想就回了电话过去，陈司儒之前说起过，他习惯晚睡，果然，他似乎精神很好的样子："已经很晚了，你怎么还不睡？"

岑悦没有说话。

"今天又是路过？"陈司儒问。

"没有啊，我是特意去找你的。"岑悦

说道。

“呃……你是，想我了吗？”陈司儒的语调轻轻上扬。

“并不是。”她脱口而出，说完突然意识到，曾经有人说起过，这世间百分之九十的不承认都是真的。

她确实是在，真真切切地思念着他。

8 ／人生叵测／

岑悦没有对陈司儒承认很多事实：没有承认自己总是想见他，希望能偶遇他；没有承认在听陈奕迅的时候很强烈地思念他，想与他“在一起看每出戏，在一起叹每口气”；没有承认自己在沈一苇的车上给导演确认了回复，她想要为他留下来……

人的情感太玄妙了，她不知道自己为什么会这样羞于向他坦白，捂着一颗心坐立不安。

如果真有平行世界，某一个她或许正在某处注视着陈司儒，他已经失眠很久了，从他缓慢地丧失嗅觉开始。

起初，他只是对气味不再敏感，以为是鼻炎，很快就会好。后来他开始闻不到咖啡香，闻不到每道菜的味道，甚至是厨房的油烟味。

他去看了医生，做了几次检查皆找不出病因：“也许是压力引起的短暂的应激反应。”

他开始喷香水，只能闻到分毫最初的前调，突然有一天有个女生出现，告诉他，他身上有好闻的初恋的味道。

人生叵测，但在那一瞬间，陈司儒寻得了些许安慰。

她来找他的那天，齐叔陪他去了医院，经过再次检查，医生无奈地跟他们说抱歉，陈司儒在那一瞬间很蒙，也很心灰意冷，作为一家餐厅的老板，他彻底闻不到气味了。

岑悦曾说起过，自己的自尊心很强，他又何尝不是？

挂断电话，陈司儒继续看着家用投影仪播放的电影，那是一部2015年的电影《福尔摩斯先生》，同过往展现在荧幕中的那个睿智潇洒的神探不同，这部电影讲的是英雄垂暮。

他被里面的一段台词击中：

我将自己的暮年连肉带血剖出来给你看。

我记忆衰退，

我行动迟缓，

我修正那些被夸大了的传奇，

我一直孤独，

我忘记拯救，

那么，你还信不信我，你还爱不爱我？

诗一般的台词，就像是祈祷。诉说是需要力量的，他积攒了很久的勇气，最终还是没有向岑悦说出真相。

虚幻与现实虚实交映，好像被不断地拉扯缠绕，变成同一出戏。

故事的最后，陈司儒忽然听到雨点落在地上的声音，暗夜里，雨脚绵密，嗒嗒、嗒嗒……像是某种古老的群唱。

而与此同时，时间正争先恐后地流淌，充斥填满这空空荡荡的人间剧场。

如星

✿水生烟

在你我之间，我一直欠缺一些勇气和力量，我成长得太慢，而你又太快。

摄影/黎星Swan 模特/叛逆的捡捡唯

1

周长翼查房出来，一只手插在白大褂口袋里，刚好感受到手机震动。

那个号码好久都没出现在他的手机屏幕上了，此刻的震动却隐隐显出急切。

他拐进办公室，接通电话："朱樱？"

她的声音很轻："我病了，就在你工作的医院里。"

窗开着，春风呼啸。一瞬间，他的脑子里像是满满当当却又空空荡荡。

病床上的朱樱身形薄薄的，正从枕头上扭脸看着窗外。

这里是十六楼，望穿双眼，也只看得见另一幢建筑物和一角天空，四时景色雷同。

她保持着这个姿势，用来掩饰心底的盼望。

门开时，周长翼像一阵雨后干净的风，朝她席卷而来，让她的眼窝一下子潮湿起来。

“你应该早点跟我说。”他俯身看她，又问：“你怎么不早点联系我？”

她捏拧着被角，低声说：“胃坏掉了，要切除一点，我忽然很害怕……”

“我去找一下你的主治医生，你等我。”他说着，重重地握她的手，“别怕，我很快回来。”

他听见她低低应声，心跳忽地一窒。

病床上的朱樱瘦而苍白，下巴尖尖、瞳仁漆黑。不知道是不是为了应对接下来的住院生活，她的头发剪得很短，看上去就像个文静秀气的小男孩。

这是他认得的朱樱吗？那个仿佛开在灿阳下的，春樱一样的女孩？

他这样想，忍不住又回头看她一眼，却恰与她的目光重逢。

那目光里的明亮、柔软和倔强，不是朱樱，又会是谁呢？

2

朱樱读高中时，父母都在小商品市场做生意，她对那里很熟悉，周末返校时就将一些发卡、手链之类的小物件，塞在行李箱里混进学校，在女生宿舍偷偷交易。

她很快就不满足于这小打小闹的交易了。她在周末和假期跑出去摆摊，一块方格布包着一堆零零碎碎，朝空地上一铺，收摊时再将方格布一卷，塞进半人高的背包。

因为年纪小，人又灵巧，同行对她都很关照，熟悉之后，她还给他们供货，赚差价。

后来，朱樱被同学家长举报，批评教育自然免不了。学校领导要处分她时，班主任肖老师极力保护她。

肖老师不想让她的学生背着处分度过高中时光，更不希望她的未来留有遗憾。

她苦口婆心，可朱樱赚钱上了瘾，就算不在学校里做小买卖，假期仍然没闲着。

成绩自然好不到哪里去。有人说，她的身体里流淌着小生意人的血液，基因难改。

肖老师却说，小孩子在成长过程中，受环境和成人影响会迷恋一些事，这很正常。她还说，人生路难讲，你看天上的星星，纵然晴夜长明，也会偶然颤抖。

后来的朱樱，时常会去看望肖老师，她打心底里敬爱她。

她叫她肖妈，挽着她的手臂，仰起脸笑得无辜又无赖。肖老师常被她逗笑，就拿手指戳她的额头：“你呀！”

肖老师是周长翼的妈妈。朱樱读高二时，他初三，每天放学后过来写作业。

他的成绩很好，却厌烦写作业。他说学会了就行，何必驴拉磨似的一遍遍做题？

妈妈狠狠地敲了他的头。

窗外，阔大的树叶在夕阳里闪闪发光。

窗里，他不耐烦地把字写得歪歪扭扭。

他哪里知道，关于人生，那些纵横交错的道路在人们不经意的时候已经开始织网，在脚下、在眼前、在看不见的地方，起伏勾连着，描画出水色湖光。

他听见妈妈对朱樱说："你现在的任务是学习。等到长出盔甲和羽翼，才能站得更稳、飞得更高，到那时候，你想做什么都好，哪里没有广阔天地！"

周长翼小声接话："说八百遍了……"

肖老师头也没回，一抬手，一支笔便朝他飞过来。

少年一偏头，笔落地，清脆一响。

像极了高手过招。少年抬眼，得意地笑了。

女孩的双手背在身后，偷偷朝他竖了个大拇指。

3

读大学时，朱樱开了家网店，每日里风风火火、朝气蓬勃。

她感恩肖老师对她的好。第一次去看望肖老师，她大包小包地进门，直直地行礼，吓得老师后退两步，笑道："你这孩子！"

周长翼觉得她好夸张，就"噗"地笑出声来。

朱樱叫他"小弟"，一双眼亮晶晶地看着他。

他撇嘴，抬手在她头顶差不多的位置比了比，又夸张地将手移到自己的胸口。

朱樱不服，抓他的手腕抬到下巴，得逞地把头一扬。

他想，有这样一个姐姐其实蛮好，却又朦胧庆幸，她不是自己的亲姐姐。

周长翼被著名医科大学录取，朱樱给的礼物是一部最新款手机，被肖老师拒绝后，礼物就寄到了他的学校。

他去找她，想把手机还给她，可是她说："你是不是不喜欢这个机型？"

他否认，她就把那盒子朝他怀里一塞："那你为什么拒绝？收下啊！"

她拉他的手臂："你是肖妈的儿子，就是我弟嘛。姐姐带你去吃好吃的！"

他感觉到血液的奔腾，那些滚烫的红，快要将他的面皮涨破了，他弱弱地嘟哝："谁是你弟！"

走在他身前的朱樱扭过脸，笑得见牙不见眼。

大学毕业后，朱樱和朋友合开了一家公司，离他的学校不远。

那段时间他们交往很多，见证了双方的成长、成熟，他们相处默契，甚至心有灵犀。

他们心悦彼此，觉得对方是自己身边最特别的那个人。

她喜欢他的认真清澈、书卷气，他爱慕她的明亮飞扬、有热情。

他有时间就过去帮她打杂，贴心周到，从不吝惜力气。

她给他包办衣服、鞋子和新款数码产品，出手大方。

只是，有些话总难说出口，总觉得还不到时候。

他们都以为，日子会一直这样过下去，并节节向好。

她踌躇满志、骄傲飞扬，人生的顺遂，让她忽略了前路会有的雾霭与荆棘。

这年冬天，仓库的一场大火，让朱樱

身家一空，还欠了债。

周长翼来时，她正咬着一支笔伏在桌前算账，抬眼见是他，还扯出一抹清淡微笑。

他不知道该怎样安慰，便实心实意地问："你需要我做点什么？"

他想为她做些事，只要她开口，什么都行。

可她挥挥手："你别管我，回去念书去！"

时隔多年，她重复着肖老师的话："你看天上的星星，纵然晴夜长明，也会偶然颤抖。"

几天后，周长翼向她表白了。

他拉她出去散心，坐在青草绵绵的湖边，看涨红的黄昏天空。湖对岸开满了星星点点的野花，远远飘来的音乐声在水面荡漾。

可是她说："不合适。"

不知道她是说时间不合适、两人不合适，或者二者皆有。

时光飞逝。又过了一段时间，他正纠结工作还是考博，她却一声不吭地离开了。

4

朱樱的手术很顺利，周长翼一直陪在她身边。

她渐渐好起来。有一天，她闭着眼不知道在想什么，一大颗眼泪蓄在眼角。

他用手指抹去它，关切地问："哪里疼吗？"

她睁眼看他，摇摇头。

对视里，他轻声开口："我一直想不通，你当初为什么要悄悄离开？你以为我喜欢你、每天都想见到你，是因为你有钱吗？"

他说："在你我之间，我一直欠缺一些勇气和力量，我成长得太慢，而你又太快。我以为日子无限，什么都来得及。我错了，我应该联系你、去找你，哪怕只是做你的朋友和弟弟，也可以照顾你……"

她打断他的话，"我还病着，你就和我说这些，你还是个人吗？"

于是他就真的闭嘴了。

她低声解释："绝望、自卑，你懂不懂？我对当年那个无知无畏的自己充满质疑和鄙夷，我不想你看不起我，你能明白吗？"

他惊呼："不是这样的！"

就这样，他们终于对彼此打开心扉。

经历挫折之后的朱樱谨慎沉稳了许多，她做电商，是投资人，也是选品师，收入不低，工作强度也不低。

她还抽时间学习外语，像个中学生一样每天背单词、练口语。

她说人生是所大学，需要学习的东西太多，只要活着，就不会结业。

"说得对。"他替她掖了掖被角："不愧是我喜欢的、念念不忘的人。"

朱樱又笑又无语："你可真敢说……你都没问我有没有男朋友。"

他努力抿平嘴角："我在你身边这么多天，连个疑似的都没发现，还用问吗？"

"我很开心。"终于还是忍不住，他龇着白牙笑，"朱樱，谢谢你回来！"

斯普特尼克旅人

✲久 念

“斯普特尼克”，俄语的“旅伴”，宇宙里第一颗消逝的人造卫星。但即便我们都是孤单的旅人，还是希望能找到懂自己的人吧。

温屿，真像一座沉默的岛屿。

1

如果让陈以微再去回想十九岁的那趟旅程，她还记得那个时刻。她坐在旅行箱上，手捧着的摩卡渐渐变凉，看着候机大厅电子显示屏上红色的字，迟迟未动。

旅行总是变幻莫测的，但飞机延误从早上到夜晚，这经历也真是特别啊。

陈以微叹了口气，低头在微信上敲字，一连敲了好几行字去表达歉意。严格意义上来讲，这趟不算是旅游，她是个兼职摄影师，暑假在接旅拍，第一单去的是北方的海边城市。

只是没想到开头就出了岔子，好在客人通情达理，回她：没事。

她预先看过客人照片。女孩长得温柔，也好说话，预估了她晚点的时间后，又发来消息：太晚了，我让我哥去接你。

陈以微感动得无以复加。

航班抵达时已是深夜，机场外，天气有些凉。她被风刺得一缩脖子，就看到停在边上的黑色小车，靠在车旁的男生一身黑衣，乍一看几乎融入夜色。

见来人，他站直了些，朝她走来。

走近看，男生身形挺拔，眉眼很深，眼神清冽。他伸出手："你好，我是温屿，温浅的哥哥。"

陈以微笑了笑："我是陈以微，麻烦你了。"

夜很沉，车开出机场后还要半小时才能到酒店，陈以微性子自来熟，上车后自报起家门。男生话很少，只在听到她的学校和专业时，才问："视觉设计系？"

这专业在她学校是王牌，陈以微点头，听到男生淡淡地"嗯"了一声。

他是真的寡言，陈以微说得倦了，安静下来，开了窗吹夜风。好一阵子，她才听到旁边人开口："你……做旅拍多久了？"

"刚做，我也才大二。"

男生说得平静："一个人出来，不怕有危险？"

陈以微一愣，吐了吐舌头："运气没这么背吧。"

她侧头去打量温屿，警惕心刚提起来，又发现他比她想象中好看。眉眼深邃，下颌线条流畅，骨相极好。眼下他开着车，好看的双眼皮折线向下，神情散漫。

她看得失神，男生眉毛一挑："我看着不像坏人？"

话语在求证，不像在逗她，陈以微大着胆继续打量，才认真说："气质不像。"

她看人靠直觉，多半能琢磨出什么，偏偏眼前人像夜色，沉而冷冽，但……至少不坏。

男生不再搭话，也没看她，一路沉默到酒店。陈以微发现安全带被卡住，半天没摁开。

"安全带有时候会这样。"男生说完，探身过来。

陈以微只觉得男生的气息靠近，视线里看到他的脖颈，连忙屏住呼吸。男生动作熟稔，前后不过几秒，安全带就开了。

他大大方方的，她也没扭捏："谢谢你。"

下车后，他像来时那样，靠在车门前，目送她进酒店。

行李箱的轮子在酒店的地板上滚动，电梯门打开时，陈以微有些恍惚，她在想男生的名字，叫什么来着。

温屿，真像一座沉默的岛屿。

2

隔天一早，陈以微拎着相机出来时，又在门口见到那辆黑色小车。

这次的行程由客人安排，陈以微坐上车，才透过后视镜看到驾驶座上的人。温屿眉眼冷淡，看上去比夜晚时精神些。

"这次我哥来载我们全程。"温浅是她的客人，她穿着白衬衫裙，黑发柔软地散在肩上，性子沉静，但她像是很喜欢陈以微，一路上都在聊天。

车开到目的地，是游乐园，温浅反倒不好意思起来："我想尝试……不一样的风格。"

"包在我身上！"陈以微看向温浅秀气的脸，信心满满地掏出化妆包，要把她打造成日系少女。半小时后，温浅披散的黑发扎成双马尾，白衬衫裙配上彩色波点领带，胸前别了个涂鸦徽章。

温浅的气质顿时从柔弱变得明艳起来。

陈以微满意地拿出镜子给她看，温浅的眼睛一亮，也笑了。

不远处，温屿看过来，视线一顿。

温浅注意到哥哥的眼神："你看，以微厉害吧？"

许是没见过妹妹这副俏皮的模样，温屿又看了一会儿，半晌也没说话。

她冲温屿的方向一挑眉，心想他真是个冰块。

第一天拍摄结束，回程途中陈以微翻着底片，边看边拉上温浅。一天下来，她们的关系又近了些。陈以微说："这个角度你笑得好漂亮，你看，自信些就很好啦！"

温浅害羞，但忍不住凑过来，照片里她在阳光下眼睛弯弯，是难得的开朗笑容。

"这次出片一定很棒！"

陈以微说完，注意到后视镜里的目光，温屿的视线和她撞上，陈以微自然地冲他眨眨眼。

这下换成温屿不自在了，他移开眼神后，眼角的弧度柔和了些。

陈以微一愣，这好像是她看到……他第一次笑。

如果没有这场事故发生，两天的拍摄会进展得很顺利。

第二天的行程是去海边。入夏时分，晚霞满天的傍晚，陈以微在薄凉海风里举起相机，不远处，温浅水蓝色的裙摆荡开如海浪，她回头，在浓郁的霞色里轻轻笑了。

变故就是在此刻发生的，相机"咔嚓"声过后，海滩上少女的身形一下子摇摇欲坠。

有一身影健步冲上去，温浅稳稳落在温屿的怀里，温屿的脸色沉下来，他眉头紧皱，极快地往回走。

陈以微赶紧跟上去。

这一切发生得太快，甚至来不及和她解释。车疾驶到最近的三甲医院，陈以微看着紧闭着眼的温浅被抬上救护床，再被几个护士与医生一路推进手术室。

手术室门前，温屿在和医生说着什么，冷静镇定，签病危通知书时像在签普通的传单。

可哪有那么平静，当温屿在走廊上坐下，陈以微才知道，温浅的心脏先天有问题，愈长大愈明显，一年刚过半，这已是她第二次被推来动大手术。

她与温屿并坐在医院长椅上，她的脖子上还挂着来不及取下的相机，这一幕就像电影分镜。她恍惚，明明上一秒还在海边，温浅就像普通的少女，穿着裙子在毫无负担地笑着。

"其实……我很少见她这样笑。"

回神时，陈以微听到温屿说。他有点不习惯和人谈心，但还是坚持说下去："看样子，浅浅是真的很喜欢你。"

陈以微受宠若惊，初见时她觉得温浅恬静，却肯与她谈笑，她不知道温浅原来那么内向。

“她是从微博上知道你的，看到你在上面分享你的生活，她跟我说过你，她心里应该很羡慕你吧。知道你在拍照，所以就来找你了，她也很想给自己留一个纪念。”

陈以微一愣，她在微博上是小有名气的博主，简介里自诩是快乐传递家，但她没想过，她分享的鲜活日常真的能感染到别人。接到温浅的单时，她也不知道其中故事。

她的心情变得复杂，认真回答：“我很开心给浅浅拍照，也很开心能和她交朋友。”

“所以还是谢谢你，从南方跑来北方，来实现她的愿望。”

陈以微听出话外音，按原定计划，两天拍摄结束，温屿会帮她订回程机票，付清尾款，结束这单旅拍。

可突然，陈以微想起温浅的样子，她笑起来眉眼弯弯，把一切忧郁打散。想起温浅因性子沉静，朋友很少，却说喜欢陈以微，愿意把她当朋友。

陈以微坐在医院长椅上，觉得自己动不了。

她不想走。

可眼下温屿已经闭上眼，身子仰靠在白墙上，在医院打点完一切，他看上去很疲惫。

一点也不像刚刚的冷静，他佯装镇定地签着病危通知书，签下的是自己妹妹未知的命运。陈以微忽然想，他到底还经历过多少这样的时刻？

心被这对兄妹扯得生疼，过了半晌，陈以微才鼓起勇气，说：“我可以留下来的，多留几天，陪陪浅浅。”

温屿一下子睁开眼，他坐直了些，侧头看她。

他的眼睛幽深，陈以微与他对视时，想起第一晚看到他，在心底评价他像夜色。如今想来恰当，每每走在夜空下，只觉得天的黑近在咫尺，可伸手去碰却无比遥远。而抬眼看去，深深的夜里藏匿着无数的星辰。

温屿眼里的深黑如是，无数黑里藏匿着无数心事，无数喜悦与疼痛，让人难以看穿。

“好，”温屿顿了顿，“谢谢你，陈以微。”

3

“从小到大我都在做手术，其实不怎么害怕，只是觉得，麻醉的感觉真怪。”

“孤零零躺在手术台上，被麻醉的时候全身的神经都在抵抗发疼，然后瞬间就没了意识。醒来时，还是一个人，过去几个小时发生了什么，怎么也想不起来。这种感觉，真孤单啊。”手术后的第三天，病床上的温浅和陈以微聊天，神情淡淡的。

陈以微想宽慰她，但她所描述的感觉很熟悉，又想不出来是什么，犹豫时，温屿推门进来。

他穿着深海色衬衫，手里提着新鲜水果。他没听到她们的对话，看到桌上有另一袋东西，才问：“这是什么？”

陈以微思路被打断，又去介绍她的购

物战利品。袋子里装了装饰画、香薰蜡烛，甚至有棋盘游戏和投影仪。

“病房太千篇一律了，住着闷，买点装饰的，看上去心情好些，还可以看电影，玩玩大富翁，多好啊！”

往病房挂装饰画，这想法也只有陈以微想得出来。温屿扶额，拿起香薰蜡烛，眉毛一挑，神情难得鲜活起来。

病床上的温浅看到哥哥的脸色，扑哧笑出了声。

住院部的重症病房大多气氛压抑，但温浅这间病房因为陈以微的鬼点子，显得格外的轻松。

傍晚七点，熄灯的病房里只有投影在墙上的电影荧幕在发光。陈以微与温浅目不转睛，看的是美国老爱情电影《湖边小屋》，她们吃着水果，讨论着年轻时的基努里维斯有多耀眼。

简直像姐妹在开闺房派对。

唯一融不进去的是角落的温屿，他抬头就看到陈以微泪光闪闪，转头看向投影，电影里芝加哥下着大雪，情人在分别。

温屿哑然，又觉心底柔软了些。

晚上照例是温屿送陈以微回酒店，他们如今熟了很多，坐在车上，陈以微忍不住问：“你就比我大两岁，怎么车技这么好？”

“平时是我在开车接送浅浅。”

陈以微疑惑，温屿看了眼她，才说起家事。他的语气轻描淡写，说的却是父母在温浅初中时去世，法院判下来照顾他们的是姨父母。可姨父母远在国外，亲情淡薄，只是往他们的银行账户里打钱，这么多年也没来探望过他们。

换而言之，从初中开始，就是温屿在照顾温浅。

话题沉重，陈以微想缓和气氛，脱口而出一句：“原来你这么会照顾人。”

“不是说我看着气质不坏吗？”

没想到他还记得，陈以微撇嘴：“但你看上去太冷了，不好接近。”

她语重心长地劝他：“还是要多笑一笑才招女孩喜欢，懂不懂？”

本以为温屿会像往常一样平静，或是翻她一个白眼，没想到温屿嘴角一勾，真的笑了。但一瞬间，他就抿住了笑意，但眼底还是温柔的。

刹那的神色被陈以微捕捉到了，她看向他深邃得夺目的侧脸，一下子心跳如擂鼓，幸亏车里暗，即使她脸红也不会被看到。

奇怪，明明连看基努里维斯都不会这样。

4

陈以微走的那天，温浅执意要去送她。温屿向医院请求破例，带着温浅出院送陈以微去机场。坐上飞机时，陈以微望着窗外的云层晃神。在陌生的北方城市发生的这一切像梦，她与这对兄妹的生活行驶在不同的航道，交集过后就会分开，可这段日子又真切地在她生命里存在过，像沟壑，抹不掉。

回去后，陈以微始终和温浅保持联系，

那头的温浅精神很好，陈以微当她是在好转，为她高兴。

直到入秋后，好几天她都联系不上温浅，正急着要打电话，微信那头发来语音。

点开却听到温屿的声音，他语气慎重，说的却是温浅的病情在恶化。

陈以微一愣，相隔很远，她的心还是慢慢沉下去。

秋天，陈以微吃大闸蟹吃坏了肚子，一连几天胃疼。她去医院检查，医生让她做一次无痛胃镜。交了费她才知道，这是一场需要全麻的小手术。

从小到大陈以微的身体都很好，这是她第一次做麻醉，上手术台。

她想起了温浅，她躺在手术室里才明白后者的话——孤零零地躺在蓝色手术台上，目之所及是冷白的手术器械。

陈以微想起那天温浅说完，她想不起来的感觉。

她读过的一本科幻小说提及，有一颗人造卫星叫“斯普特尼克”，它在寂静的太空存在了几十天，无声无息，空空荡荡，最后坠入大气层黯淡消失。

如今这间无菌手术室像真空太空舱，她躺在里面，如同一颗启程的人造卫星，即将度过一段空白。

输入麻醉剂的那刻，痛觉细胞在体内叫嚣，失去意识的前一秒，陈以微想起温浅的话。

真孤单啊。说这话时温浅垂着眼，掩不住落寞。

由秋入冬，直到她在天气预报上看到那座北方城市落了雪。那天夜里，她接到了温屿的电话。

温浅没能挨过这个冬天。

挂了电话，陈以微买了机票，匆匆赶去机场。下了飞机她才打温屿的电话，那头的他默了一会，报出一个地址。

出了机场才发现铺天盖地的白色，这座城还在下雪，雪落得又急又密，直落了陈以微一身。

凉意从脸上融开，陈以微记起她和温浅在病房里看的那部美国老电影。那时她太过共情，为电影哭得稀里哗啦，温浅只得转移她的注意力，指着荧幕上的纷飞大雪说：“我最喜欢下雪了，你看，多美！”

目之所及，天地素白，干干净净。

的确很美啊，浅浅。陈以微在心里说，又觉喉头哽咽，眼眶一下就红了。

抵达葬礼现场，陈以微有些默然。葬礼的规模很小，姨父母仍不现身，只有城市里几位远亲象征性露面。温屿一身黑大衣，站在最显眼的位置，他瘦了些，远看甚是冷清。

只有黑白照片里的温浅永远定格了年轻鲜活的模样。

5

陈以微一直等到葬礼结束，温屿迎面走来，近看下他有些疲倦，他不多问，只说要送她一程。

话音未落，他的脚步一个踉跄，陈以

微一急，拉住他，他的胸膛撞在陈以微身上，呼吸急促。

她突然警觉："你多久没睡觉了？上一次吃饭是什么时候？"

最后还是陈以微把温屿拖去附近的面店。店里暖和，牛肉面端上来热腾腾的，温屿慢慢地说："其实浅浅走的时候，不痛苦。"

"该做的努力我们都做了，我们都接受这最后的结果。"

"我知道的……"陈以微想起温浅的恬静，她太温柔，只是命运对她太残酷，"我知道。"

那天，她和温屿谈了很多话，谈了这半年，谈了温浅的一生。陈以微也陷入回忆，末了说起病房里温浅的话——斯普特尼克的念头。

温屿没有再说她的脑洞大，他思考一会儿，答："斯普特尼克在俄语里意为'旅伴'，即便如此，它也只能孤零零地在太空打转。"

"人的一生也是这样。"

这一次，换成陈以微缄默。

次日，温屿送她去机场。下了车，陈以微让他不要再送，温屿站在黑色的车门旁，一切像回到了原点。

走了几步，陈以微仍没忍住回头。

这座城还在下雪，雪落得深，温屿站在漫天风雪里，眉眼沉寂。

她赶紧转身，熟悉的哽咽涌上来，她走得急了些，飞快地抹了抹眼。

冬日将尽，万物归于无声。陈以微曾以为，这会是她与温屿最后一次见面。

大二升大三的这年，陈以微的专业出了交换项目。她看到了那个熟悉的北方城市，那儿的传媒大学在全国数一数二，陈以微没有犹豫地报了名。

竞争激烈，陈以微一路过关斩将，终于拿到这交换名额。

再踏进这座城市，北方的风刮得凛冽，陈以微走在风里，想到男生冷峻的脸。

但她也没料过重逢会这样快。

交换去了新学校，陈以微的目标明确，她瞄准学院顶尖的工作室，虽说是学生团队，但已在业界知名，作品在国际上也崭露头角。

这个工作室名为"岛"，在传媒设计的大海里，这座新秀之岛极为亮眼。为此，陈以微精心准备好履历和作品集，一路杀到了"终面"。

面试她的据说是工作室的二把手，师兄一脸亲和："你好，我是乔遇。"

他看过陈以微的作品集，夸她有灵气，陈以微同样爽朗，两人相谈甚欢。谈及她的经历，陈以微随口说起她的微博账号，乔遇大呼："就说看着眼熟，我关注了你的微博！"

尾音刚落，工作室的门被推开，乔遇眼睛一亮："屿哥，你怎么来了？"

"落了点东西，来取。"

话语简洁，颇为冷冽。陈以微抬头就看到温屿，他穿着风衣，沉静而漠然。他也看到不远处的女孩，眼中的漠然释开，脚步微停。

乔遇大方地指着陈以微，俨然把她当自己人："这是来面试的师妹，作品集挺吸引人的，来看一下？"

语气有点玩笑，毕竟温屿是工作室负责人，繁忙无比，哪会为小事耽搁。

但温屿真的停下了，他走过来，细致地翻看陈以微的作品集与履历，翻到她的经验过往时，手顿了顿。

陈以微后知后觉，工作室大佬叫阿屿，没想到是他。在她对眼前人的印象里，只知道他是称职的哥哥，全然不知他的才华与魄力。他一手做起工作室，从默默无闻做到顶尖，眼下刚毕业就已是行业精英。

从温屿的角度看陈以微，亦是如此。除去摄影和微博博主，她也努力对待主业设计，国内外都获了奖，含金量不低。

真是微妙，在那段日子，他们曾扶持着彼此走过生命的沟壑，分明如此重要，但归根结底，他们仍不够了解对方。

6

陈以微如愿进入岛工作室。温屿在CBD开了工作室总部，陈以微一进去就咋舌，除开顶级设备，工作室成员个个都是出名大神，饶是她自傲，在里面也不过是小透明。

陈以微跟着乔遇做项目，接到的设计品牌都是国际大牌，她感叹："短短几年，工作室就已经做得这么厉害了啊。"

乔遇笑了笑："那是屿哥拼命。"

他与温屿走得近，知晓了陈以微与温屿相识，隐隐透露给她：从前温屿是为了妹妹温浅，他们的生活费远不够支持温屿的上心，他想带她去最好的医院治疗。

后来……连乔遇也不知道温浅离开后，为什么温屿仍陷于工作，忙得抽不开身。

"他不是走不出来的那种人，"乔遇脸色微变，"我跟着屿哥很多年了，也看不穿他，也许他在心里将所有人都拒之门外了吧。"

真的是这样吗？陈以微没注意到乔遇说话的异样，她想起温屿俊朗的脸，冷淡的眼，笑起来，又让一切都发出亮光。

到头来，她陷入和乔遇相同的困惑。

其实陈以微自己也在拼命。工作室的大神太多了，她只得加倍努力，留下来赶工学习。留得晚了，她去茶水间泡咖啡，看到总监工作室有光，温屿也在。

于是陈以微就带着热咖啡去敲温屿的门，见是她，温屿的态度柔软不少。她索性抱着电脑来找他解惑，或是聊天。

这天是例外，夜里她从隔壁过来，摆在温屿桌上的不是热摩卡，而是一堆药瓶子。

温屿发了高烧，吃了退烧药，半倚在沙发上养神。温屿见她来了，撑起身，陈以微心一疼，嗔怪他："为什么把自己搞得这么累……"

或许是人脆弱时话会多些，第一次，陈以微在温屿冷静的脸上看到困顿的神情。

他的眼睛微垂，说："我曾以为我的

一切都是为了浅浅。可她走了我才知道，我心里太空了。浅浅是我世上最亲近的妹妹，可你看，我爱的人也会离开……”

“什么都抓不住，所以才什么都想尽力去做，这样很累。可我也真的很怕，很怕逝去。”

陈以微默然，原来不止她有这样的心境。在繁华大厦留到深夜，一抬头就能看到城市霓虹，无数大厦闪着同样的星光，有多少人在拼命，也在害怕逝去呢?

太孤单了，病痛里的温浅说，不只是她，陈以微，温屿，人类都如是，我们都是斯普特尼克旅人。

温屿说得倦了，声音越来越低，像呢喃：“以微，你也会离开吗……”

他唤她以微。

她的心跳突然很快，低头想掩饰脸上的发烫。过了很久，她才说：“不会的，我想留在你身边。”

可一抬眼，沙发上的温屿早已闭上眼，呼吸均匀。

离开总监工作室，陈以微回到小组工作间，看到乔遇的电脑还亮着。她以为是他走了忘记关机，走上前，一眼就看到了屏幕。

乔遇推门进来，方才陈以微不在，他没料到她还会回来，脸上一惊。

陈以微慌乱移开眼神，与乔遇打了个照面，装作无事发生。

7

陈以微怎么也想不到，他会不信任她。

那天晚上，陈以微发现乔遇的秘密。她暗中调查才发现，乔遇在心里对温屿埋下偏见，禁不住竞争对手的诱惑，想把做的品牌项目的设计方案卖给对家。

知晓这一切后的陈以微很生气，当天就去找温屿。温屿坐在电脑前，恢复高冷面孔，看上去很陌生。

他平静地听完陈以微的话，说了几句话，就把她打发出去。

起初，陈以微没想这么多，可过了几天才发现，工作室一切如常，乔遇还坐在对面开她玩笑，生活平静。

陈以微一直在想，温屿在她的生命里扮演了什么角色。

她珍惜温浅这个朋友，可温屿的存在，在她心里仍是最特别的。她从来没遇到过这样的男生，看似漠然却在付出。她无意洞晓他的脆弱，他的语气柔软，她却还在为他心疼着。

那些悸动与怦然，有些答案昭然若揭。

她真切地喜欢他。

他们的相遇冥冥中也在教会陈以微成长，他带她踏进苦痛，又步入大人世界。成人社会远比她想象中要险恶，她没法辜负自己的心意，没法辜负他。

明明闭上眼，她还能想起他坐在车里被她逗笑的样子，他站在雪地里看她离开，酒后的他呢喃着“以微”，可睁开眼，乔遇挑着眉在说：“也许他在心里将所有人都拒之门外了吧。”

不是的，绝非这样。

于是她又去找温屿，刚欲推门，就听到乔遇和他谈笑，提到她的名字。

陈以微手一顿，听到温屿的声音："陈以微？设计水平次了些，我看这次就别算上她了吧。"

她从没想过他会不信任她，甚至瞧不起她。哪怕那些深夜，他看到她的努力，可转眼语气就变得冷淡，否定她的付出。

抬眼，透过玻璃门仍能看到温屿一脸散漫，他桌面上的电脑亮着，陈以微一眼就看到他的屏保。

漫天霞色里隐约有女孩的身影，那是在海边，陈以微为温浅拍的那组照片。

毕竟，温浅是他全世界最亲近的人啊。除此之外，所有人不过是底色罢了。陈以微转身，心慢慢沉下去，也许是她误会了。

她与温屿之间，分明什么都没发生。

8

陈以微也没料到温屿会主动来找她，是在这样的境遇下。她的桌面摊开了一本宣传册，是澳大利亚的传媒进修项目，一去就是半年。

"澳大利亚的传媒设计比国内强多了。"温屿眉眼疏离，话语委婉，在暗示陈以微的设计水平不合格，却闭口不提乔遇的事。

她一下子听懂了，自己水平都不够格，有什么权利质疑乔遇这个元老？

她气得想笑，才发现自己在发抖，她看着温屿的脸，眉眼仍然深邃，可她好像就要不认识他了。

但陈以微性格直，她委屈、不甘，想起她与温屿的种种，最后，她说出最伤人的一句话。

"阿屿，我能来这里，是不是你在给浅浅一个面子？"

他们都珍惜温浅，这样好的女孩在他们的生命里从未离开，可陈以微话一出口，自己的心就已溃不成军。

她无意与温浅对比什么，可这是爱啊，陷在爱里的人们永远自私。

她多么希望在温屿心里，她能有一席位置，哪怕一点都好。

陈以微离开以后，无数个深夜，温屿坐在工作桌前，仍会想到她。甚至有一瞬间恍惚，以为她会在下一秒抱着笔记本电脑笨拙地进来，满脸笑容地说要请他喝咖啡。

但都没有。官司纠纷缠得他脱不开身，他以为是太累了，后来才发现想念变成常事。

他在想她，无法忽略。

从什么时候开始，陈以微变成他生命里无法忽略的存在了呢？或许比她认识他更早。

温浅会认识陈以微，归功于他。高中时的温浅因病症陷入抑郁，他为了疏导她，给她开了社交账号，替她关注的一批人里，他一眼就看到了笑得开朗的陈以微。

这样的女孩生得热烈，在人群里都是亮眼的。

温屿后知后觉，他对陈以微的喜欢，远早于温浅对她的欣赏。可他不自知，把对她的心动压在心底，他以为独身一人就能扛下一切。

可到头来，想念越积越深。他总是自以为是，把她从自己的深渊推开，他也说不清到底有没有后悔过。

半年过去，他怎么也无法否认，他喜欢她。

9

半年的时间不长，可对于陈以微而言，得知真相仍然太迟。

陈以微当真去了澳大利亚，刻意忽略国内的事，直到同学有天告诉她："你以前是在岛工作室吗？幸亏你走了，他们出大事了。"

一场好友背叛，酿成了反响巨大的抄袭风波。乔遇带着竞争对手倒打一耙，做假数据栽赃岛工作室抄袭在先，一下子，原先站在顶尖的"岛"被涌来的指责吞没。

墙倒众人推，陈以微心口生疼，还在嘴硬："谁让温屿信任他！"

同学叹息："是乔遇的心机太深。"她随即把业内的详细爆料发给陈以微。

陈以微点开，行行字看下去，心逐渐变凉。

时间线出了问题。

在这场风波的时间轴上，乔遇埋下诽谤种子远早于她发现他的时间点，而乔遇与岛工作室撕破脸，是在她去澳大利亚的第二天。

也就是说，她向温屿的揭露无法挽回什么，而他选择把尚未毕业的她推开，远离这场战役。

夜里，坐在电脑前陈以微气得眼眶发红。

温屿，你到底还有多少事瞒着我，在独自苦苦撑着？

陈以微向来风风火火，眼下期末周刚过，她直接订了回国机票。航途漫长，下飞机已是国内清晨，她打车就去 CBD。

工作室剩下的老人还在，并不拦她，她一路闯入岛的总监工作室。

早晨阳光清亮，桌前的男人一身西装，却在撑头入睡，显然忙了一个通宵。陈以微心一紧，满心的账要找他算，却在看到他的电脑屏幕时泄了气。

他的屏保仍没换，此前在玻璃门那里太远没看清——的确是在漫天霞色的海边，可景中人不是温浅，而是她。

她举着相机，在海风里开朗地笑着。

陈以微看得失了神。

其实，她鲜少有机会看到温屿睡着的样子，他闭眼时有种难以言说的温柔，身上冷冽的棱角都褪了去。

陈以微静静地看他，她情愿一直这样等下去。

她在等他醒来，想告诉他，她会陪他打完这场艰难的战役，他们一定会赢得胜利，会带着"岛"抚平伤疤，重新登顶。

而曾经城市的夜霓虹闪烁，他错过了她的心意，此后她未再提起，是她胆怯。

如今不会了，她会告诉他，她想留在他身边，一如既往。

着迷于你眼睛，银河有迹可循

✽鹅 打

1

我问过很多朋友，和陌生人第一次见面时会看陌生人哪里。当然，在这个颜即正义的时代，大多数人往往会最先看对方的脸，其次是对方的手，偶尔也有男生会不怀好意地指指胸部。

而我在第一次见任沈时，我看的，是他的脚。

他当时坐在我旁边，穿着一条灰色工装裤，裤脚向上卷着几厘米，膝盖弓起后小腿紧绷着勾出线条，他将左脚搭在右腿上，脚上的黑色鞋面干干净净的，给我的感觉是，就连他鼓起的脚踝骨的形状都很是高级。

于是我微微侧头，将视线瞄向对方的上半身。但慢了一步，对方早在我转头前趴下身去，将脸埋进了圈住的臂弯中睡起觉来，黑色的头顶毛茸茸窝成一团，完全不顾这节公选课老师如何心狠手辣的江湖传言。

老师翻开花名册开始点名时，我犹豫了好一会儿，但看在这个男生的脚很顺眼的分上，我还是用胳膊肘杵了杵他。

“同学，老师点名啦。”

男生抬起摇摇欲坠的头，朝我颔了颔首，被压住的蓬松的刘海投下一片荫翳，臂弯间隙中露出光滑的下巴，以及带着干纹的嘴唇。

啊，没看到正脸，有点可惜。

但可惜之情还没到头，下一秒我就看到他松垮地举起手臂，扬起了整张俊俏的脸，用没睡醒的声音喊出“到”。

老师刚刚喊的名字是，“任沈”。

我就这样看着他的脸，复杂且猛烈地记住了他的名字。

2

俘获一颗心的方法有千万种，但我的仿佛有些与众不同，先是顺眼的脚，然后是俊俏的脸。

从那以后，我便怀着奇奇怪怪的目的去接近任沈。幸好的是，想在一门公选课上和任沈建立起革命友谊，这是一个水到渠成集聚天时地利的过程，我只需要做到下面两点：

第一，在老师点名时叫醒在教室睡着的他。

第二，在老师点名前叫醒在宿舍睡着的他。

所以一开始我和任沈的聊天记录往往如下：

“点名，速来。”

“收到，长官。”

但逃课这个事，上得山多终遇虎。要是遇到点名时联系不上任沈的情况，没事，我换过九九八十一种帮任沈代答的方法，熟练到后来连“任沈”这两个字的发音，都对我的身体机制产生了一定的干扰。

水来土掩，兵来，那我挡。

“咳咳，咳，咳到——”

当然也有很难堪的时候，有一次，我在后排含糊地粗起嗓子，妄图隐匿于咳嗽声后蒙混过关，可那一天我实在是高估了老师的和蔼程度，这位老师并没放过我，他停下来看着我座位的方向，当众重复了一遍任沈的姓名，并加重语气强调了：

“性、别、男。”

我和任沈的合作关系就这样败露在大家眼前，既狼狈又好笑。

3

事后我和任沈被老师领到办公室狠批一顿，猛记一笔。但塞翁失马，焉知非福，为了表示被老师一并盯上的歉意，任沈答应请我去看一场演唱会。

自此之后，任沈没再逃过这节公选课，也没再在课上打瞌睡了。

有次趁着老师转向黑板时，任沈从袖口抖落出一只耳机，窸窣递了过来，笑得好乖巧。

我咽下口水悄悄凑近他，喉咙起伏的同时，我郑重地接过那只发着烫的耳机，像是在触碰丛林动物的触角，小心翼翼地触摸，小心翼翼地珍惜。

耳机里传来的，并不是我预想中的嘻

哈或摇滚，而是一阵熟悉的男声，低沉的声线隔着鼓膜在缓缓搔痒，这是一首无比认真的歌。

当这首歌缓缓放到：

“还是觉得相遇太美好

“在不同的遭遇里我发现你的瞬间

“有种不可言说的温柔直觉”

我察觉到左侧任沈平缓的呼吸，即使那动作轻微到几不可闻，但这一刻它好炽热，凶猛到我足以直视它横穿皮下脂肪层后产生的不适感。

我偷偷看任沈，看他的眼睛，看他泪湖下蔷薇色的突起，看他瞳孔中闪烁的星子。

我终于明白那句歌词，原来银河有迹可循。

4

任沈带我去看演唱会那天，我们的位置很好。

场地原本就不是很大，我们坐在前排靠近正中间的位置。因为排与排之间的间隙很窄，我们来得又早，有人陆陆续续从我们面前穿过时就需要站起来。

每次有人经过，任沈都会护住我，自然地将我揽在他的臂弯下，虽然他探身过来时移开了目光，但我仍觉得他在压迫着我。

我的领地被温柔地侵犯了。

开场前，灯一盏一盏地灭掉，又一束一束地亮起。音乐响起时，人群开始躁动，在场的所有人顿时置身于一个平行的、孤零零的星球中，专注地等待着那道巨大峡谷的裂缝从眼前展开。

我不由自主地深吸了一口气。

“因为演唱会要开始了，所以在紧张吗？”任沈将外衣的纽扣解开，顺势低头问我。

“不是演唱会。”我伸出手，姿态亲昵地帮他将脖颈旁的领子翻好，然后看到他定格般僵住了。

不是演唱会在让我紧张。

是你在让我紧张。

所以我也坏心眼地想让你紧张一下。

5

演唱会的气氛很好，我们在飞行后稳稳地降落，随后高高举起手电筒模式的手机，开始模仿陨石坠落。有一首歌唱到一半，唱到“我多么想告诉你”时，台上的歌手停下来，轻轻地问台下一句：“什么？”

我多么想告诉你什么？

“我爱着你。”

任沈在旁边轻轻地接上一句，将右手上拿着的手机换到左边，然后在我面前晃了晃他空着的右手，有那么短暂的几秒他的手心阻断了台上的光束。

于是我接住了它，握住的那一刻，我在心里感谢因果关系。

任沈的手很厚，很大，不偏不倚降落在我的手掌上，我们掌纹重合，体温迁移，虎口碾压于一处，牵手时我咬着牙，却止不住心颤动。

“我也爱你，从这一刻起。”我对他说。

“从头到脚，完完整整，都爱。”

你知道，我一点也没有夸张。

雨落无人岛

无数青春的碎片，才能拼凑一个完整的我。

假若明天来临

✿ 顾一灯

今天可能不是你们最坏的一天，明天会更坏的，所以要强壮起来，去与这一切对抗。

我们是在夏天的尾巴上回到北城的。

从出租车上下来时，我望见那两排从大院门口一直延伸到居民楼前的法国梧桐，依旧伫立在原地。它们是熟悉的，正如我离开的时候，碧绿的色彩属于这个时节，我早已见证过十四个轮回。它们又是陌生的，密密匝匝的树荫曾经疯长到道路中央，而如今那些被认为是多余的部分被锯断了，毫无遮拦的阳光将水泥地晒得亮眼而滚烫。

我帮母亲将行李从后备厢搬下来。母亲走在最前面，我跟在后面，再然后是父亲。就这样踏入墙皮斑驳的二号楼，乘上灯光昏沉的电梯，钥匙转开尘封已久的棕红的房门。窗帘紧拉着，光线从缝隙照进来，一层薄薄的灰尘平铺在地板上。我闻到陈旧的气息。

我与母亲开始大扫除。窗帘哗的一声拉开，看见映在玻璃上的父亲的脸。他在原地站了一会儿，还是朝埋头拖地的母亲走去，想要帮她做些什么。母亲却坚决地摆了摆手。于是他只好继续站在那里。无所适从的样子，使我想到刚从北城搬到东镇时。同样是刚下一辆出租车。师傅帮着母亲拿行李，异样的眼光一直有意无意地往双手插在兜里、默不吭声的父亲身上瞟。我都被他瞟得难受了，更不敢去猜父亲所想。

但我依然装作若无其事地擦着桌柜，试图抠掉上面结着的顽固的颗粒，一遍，一遍，又一遍。直到父亲转过身去，才悄悄给康衡发了条消息。然后在安静到有些尴尬的氛围里说，放首歌听吧。专辑在唱片机上旋转，轻盈的旋律从唱针下流淌出来。

十分钟后，房门被敲响。父亲去开了门——这是他被允许做的为数不多的事。跑得满头汗的康衡就站在门前。他眼睛亮亮的，扑上去搂着父亲的脖子抱了一下，说卢老师，你回来了。接着见到母亲，她握着拖把笔直地站立。康衡毕恭毕敬地叫，于老师好。母亲淡淡地点点头，说晚上来家里吃饭吧。

康衡的目光终于得以望向远处，我们四目相对。我想我们都觉察到对方的某种变化，确实发生着，却又难以言表。能说出来的，似乎只有他长了一点的头发，高了一点的个子，还有因清瘦而显得空荡荡的牛仔裤的裤管。至于我，或许是被晒黑的皮肤，一脸的风尘仆仆，以及手上没来得及放下来的抹布。打扫卫生实在不像过去的我会做的事，除非学校赶鸭子上架的大扫除。

但也有些事物从未改变，譬如此刻正在播放的那支乐曲。我们都清楚地记得它的名字：

《假若明天来临》。

自打有记忆的时候起，我就住在医科大学的家属院里。对这座院落的印象，由长满每条街道的、仿佛这座城市再没什么别的树木可栽的法国梧桐，叮叮当当响的自行车，还有大人身上浓郁的消毒水气味构成。我的父亲与康衡的母亲都是心内科的医生。小学放学很早，如果不上钢琴课，我就会去父亲的办公室写作业，因而时常见到她。

小时候我已经发现，每个科室的医生性格迥异。或者说，不同的科室会将医生塑造成完全不同的人。保健科的医生总是轻言细语，你去看病更像去聊天，听由他们将你焦躁的心绪抚平。心内科的节奏则较为迅捷，每个人都风风火火，脸上大都挂着紧绷的神情。康衡的母亲是个例外。

她的动作亦很麻利，但姿态却极从容，总对病人说不要急，慢慢来。同我讲话时，亦会屈膝俯身与我平视，眼里含着笑，看不出分毫敷衍。

当时我几乎不曾遇见康衡。和他有更多接触，是上初中以后。我们分到同一个班，包括我在内，许多人开始注意到他。康衡有一种吸引人的特质，并非张扬外放，而是深沉又内敛。他成绩拔尖，体育也很好，还会弹吉他，却毫不乖张，待人接物温和客气。有人说，他是一株安静的水生植物，这句话击中了我。它同样精准地形容了我对康衡母亲的印象。清朗，澄澈，自然，美好。

同样，你成长在怎样的家庭中，往往有更大可能成长为与父母相似的人，对于这一点我毫不怀疑。正如康衡和他的母亲如出一辙，我身上也携着母亲浓重的影子。我的母亲是大学最年轻的人类学教授，要么在世界各地搞田野调查，要么快步穿梭在教学楼间授课。她从不谈无用的话，讲起学术上的事，却语速突突，快到几近狂热。学生对她既崇拜，又惧怕，一面对从她口中源源不断喷涌出的术语编织成的幻境痴迷不已，一面又在论文被点评之前两股战战，不敢抬头看她的嘴唇，仿佛在十字路口等候命运的审判。

我有着和母亲一样的骄傲与好胜，高昂着头走在校园里，像是不知疲倦的斗士。但其实我与母亲的关系不很亲近。从国内最好的大学毕业后，母亲本已得到留校的聘书，却因为并不满意，选择到大洋彼岸攻读第二个博士学位。当时我已经出生，母亲几乎没有给幼年的我留下任何记忆。至于回国后，我仍不认为情况有什么改变，她爱自己的事业远胜过在乎我和父亲。她的这段经历成为学生津津乐道的谈资，却也成了我们之间陌生的根源。一旦错过了关键的节点，就像盖房子时地基出了问题，一段稳固的关系便难以在此之上重建。

而康衡显然是不同的。他曾在作文里写他的母亲。那篇文章被当作范文发到每个人手里，记叙了那么多生动的细节，温情满溢在字里行间。对我来说，书写自己的母亲，是无法想象的难题。我始终躲着不写，倘若碰上实在逃不过的命题，便胡乱编造几段了事，假到老师都无言以对。

念初中后我不再去医院找父亲，对许多人的记忆，仍停留在几年前。直到初三的某个冬日，父亲的同事来家里做客，母亲难得也在，大家聊起康衡。我这才知道康衡的母亲生了重病，半年多前复发，人没挺过来。一周前，康衡的父亲再婚了。年轻的住院医愤愤不平地说，康衡的父亲当年节俭得不得了，康衡的母亲同他商量想换些家电，他就拖着不换，现在刚结婚就在新小区买了大房子。母亲只说，人就是这样，也很正常。空气静默了几秒。另一位医生感慨道，康衡这小伙子倒有骨气，还守在这楼里，宁可凑合吃凑合喝，也坚决不搬。卢主任，康衡就听您的话，您得劝劝他。父亲放下筷子点了点头，说咱们一起想想办法。

两周后老师布置了一篇作文，叫我的父亲。康衡没有写，我也没有问，只是跳过他收齐了所有作文本，并未上报他的姓名。紧接着的数学课堂测验，卷子被打乱后交换批阅，我居然拿了个满分。但我明明把压轴题的最后一步算错了。我知道康衡拿到的是我的卷子。发到手里后，我径自翻到最后一页，原先的 3 被改成了 8，以自然到不引人觉察的方式。

我在期末考试结束的那天叫住他。那是一个雪天的傍晚，我们站在走廊露天的拐角，他回头时恰好一阵风从吹过，纷纷扬扬的洁白落在黑色的羊毛围巾上，潮湿的水汽很快氤氲开来。这或许是我们第一次直视着彼此的眼睛。我想他仍旧是一株水生植物，但我很难再用安宁来形容他的眼神。取而代之的是一些其他的词汇：挺拔，直立，隐忍，倔强。

我说我想要组一支乐队，你有没有兴趣，我们可以去食堂边吃边聊。

我和康衡又各自找来了几个朋友，这便是失乐园的由来。失乐园是北城的第一批中学生乐队，也是其中唯一一支后摇乐队。做出这个选择，并非由于我们有如何高深的艺术造诣，只是谁都不愿意开口唱歌，又害怕找一位爱出风头的主唱，会将这个名字孤寂的氛围破坏掉。

我是失乐园的键盘手。学过六年钢琴，我清楚地意识到自己在这件事上没有任何天赋，也从不曾享受弹琴的过程，除非能借由它避开更讨厌的什么。但那时我真切地爱着失乐园，为了敲定表演的曲目，我们开始大量地听国内外的后摇乐队，它打开了一个远为广袤的世界，从此戴着耳机走在街头，便自认为拥有与众不同的品位。接纳我在别人眼中的不同，亦是我对失乐园感情的起源。如果和同桌说，我爸妈可能要离婚了，哪怕以轻描淡写的口吻，都会收获反应过度的同情。但在这里每个人都很平静，说着我家那两位早就离了，或者整天就知道干仗，还不如痛快掰了呢之类的话。我跟着他们一起开怀地笑，终于觉得自己不再是异类。

家属院不宽的楼间距，使我能清晰地目睹对面家庭的生活。有一对夫妻周周都要吵架，女的尖叫，男的怒吼，砸尽锅碗瓢盆，每回都以丈夫摔门离去告结，仿佛陷入被诅咒的循环。但我后来发现了这样一条规律，很多吵得很凶的夫妻其实不会真的离婚，以沉默粉饰太平反倒更为危险。因为他们认为没有任何办法能给对方带来改变了。有时声调抬高了，火气冒到嗓子眼，却也没接着吵下去，只是转头各做各的。母亲出差的频率越来越高，我在入睡前听见父亲回家的声音。

周末父亲得空下厨，会叫康衡一起吃饭。父亲面前的康衡是活跃的，一餐饭就能说出我本以为他需要花一辈子才能讲掉的话。大多数时间他很成熟，偶尔的想象却又天真得离谱，父亲照单全收。有时他们也会聊起康衡的母亲。父亲说他认为评价一位心内科医生是否优秀的标准，就是能否做一台漂亮的手术，挽救病人的生命，康衡的母亲是做得最好的人。但她的论文不多，所以评优的时候总差一点，不过她不在意这些。我忽然想到在父亲办公室度过的下午，康衡的母亲望向窗外的暴雨，那张沉静的侧脸。

学校的地下车库是我们的自留地。出于不同的缘由，没人愿意回家，便在排练中挥霍大量的光阴。听过的第一支引来不约而同惊呼的曲子，就是《假若明天来临》。听歌，扒谱，演奏。躺倒在废弃的旧轮胎上，喝从食堂囤的碳酸饮料，买三连包的家庭装薯片分享。六个人的关系前所未有的紧密。音乐有着使人燃烧的力量，我们在阴影中沐浴着共同的疯狂。从康衡拨弦的动作里，从他甩动的头发里，从听到曼妙的音符情不自禁露出的微笑里，我看见他被激发的热情。在音乐里我们的心贴得很近，但在音乐之外的世界，我却察觉到他的疏离。我的父亲扮演着他缺位的父亲的角色，可我甚至连朋友都算不上。他应该不认为我真的能理解他，我也不觉得轻飘飘的自己有这样的资格。偶然听见有网友说某位音乐人像差一度就能烧开的水，你以为能煮沸它，结果怎么扇风添柴都只是徒劳。我想这比所谓的水生植物更适合形容他。

升入高中后的艺术节，我们表演了那首最钟情的歌。康衡站在舞台中央，我站在舞台侧面。灯光幽幽的蓝。他戴了一顶宽边渔夫帽，头低垂着，我几次抬头去看他，却看不清他的脸。一曲终了，台下爆发出震天的欢呼，很多女生在喊他的名字。我转身望向黑压压的人群。

我曾以为时光会永远这样继续下去，像那条自东向西贯穿北城的河流。被寒冬冰封，经暖春开融。波光粼粼的夏季，游船在水上漂浮。棕红的落叶在秋日飘落，倒映着高远的天空。

直到那个动荡的春天。从此我讨厌春天。

梧桐树冒出嫩芽的三月，轮到我坐靠窗的景观位。午后的太阳温暖又慵懒，让人忍不住想趴下来用课本盖住头酣睡。我昏沉了好几日，那天却格外清醒，右眼皮跳个不停，现在想来是某种血肉相连的预兆。正上着课，班主任忽然叫我出去——是那名到我家坐过几回的住院医。他慌慌张张地说我父亲出事了，他要带我去医院。

那天有患者来找父亲复查，父亲正在电脑上查看化验结果，他突然从包里抓出一把尖刀。父亲下意识地伸手去挡，伤到了手掌。这或许是父亲的同事做过的最漫长的手术之一。起初很多人来陪我，和我说宽慰的话，后来他们转去应付记者，留下我独自蜷缩在走廊的长椅上。

天渐渐暗了，在外地开会的母亲赶了回来，我从未觉得高跟鞋撞击地面急促的节奏如此令人感到安全。她几乎是冲过来将我抱在怀里，摸着我的头说会没事的，别害怕。

早在几个月前，我的父母已经开始草拟离婚协议。这次他们终于下定决心，等母亲开会回来，就去办手续。我想他们至今都不知道我其实发现了这件事。曾经我真诚地觉得这没什么不好，但如今我对此感到非常恐惧。之后很长一段时间里，我都不知道这次意外究竟是让他们彻底忘记了当初的打算，抑或是只不过暂时搁置下来。至少母亲没有再提及。她到处奔走忙碌，照顾父亲的起居，寻求不同的治疗方案，商讨日后的恢复计划。我很难想象还有第二个人有能力在这样的纷繁中周旋。

母亲没有时间和我说太多。父亲的同事不敢和我讲太多。沉默的怜悯充斥着周遭的空气。我在网上搜罗一切消息，仍不懂为什么父亲做了一台成功的手术，却撞上了精神衰弱的病人。向来兢兢业业的父亲，凭什么要无理由地遭遇这样的厄运。

接近崩溃的悬崖边缘，我收到康衡的消息。他说如果有话想说出来，他一直都在。于是晚自习的课间，操场背光的角落里，我在他面前失控地大哭了一场，号啕声被夜跑的背景音乐掩盖。我曾以为横亘在彼此间的隔膜，终于烟消云散，但这对我来说已经不再重要了。

父亲在两个月后出院。他右手的血管、神经和肌腱均被割伤，没有办法屈伸，感知不到凉热，也无法察觉别人的碰触。这场事故还匪夷所思地拖垮了他的身体，之前从没有过的疾患开始向他侵袭，譬如对日晒、冷水和污浊的空气过敏。此外还有荨麻疹，低血压，不同器官的炎症，总之是层出不穷的小毛病。我不知道你是否有过类似的经历，一个强壮的大人忽然就倒下了，需要靠各种药物、电击和康复治疗维系正常的生活，这真的很难接受。我甚至常常回避父亲，避免与他照面。我害怕他最亲近的女儿不小心伤害到他。

我还记得那是学期的最后一堂课，班主任忽然推门而入，冲任课老师点头微笑，然后径直走到我的课桌前。她低声说，你妈妈来学校接你，可以先回去了。心脏在胸腔里咚咚地跳。自住院医那次出现，这类突兀的造访只能让我联想到新的坏消息，譬如父亲的状况是不是又恶化了。许多人想必和我念及同样的往事，并无恶意的目光落在我身上，却像千万根芒刺扎进后背。我逃也似的俯下身子，从后门溜走了。

还好母亲只是说她刚送父亲去理疗，想带我去吃个饭。

在我的记忆中很少有这样的时刻。母亲不是个讲究吃的人，我继承了她的传统，随便去食堂扒两口饭垫下肚子，就算一餐得到了解决。但这回母亲领我去餐厅点了一桌昂贵的菜，煎带鱼、烧年糕、沙蒜豆面、杏仁脆，全都源自父亲的故乡。她另挑了几样打包。

母亲提出我们可以搬到东镇暂住一年。那里的环境更加恬静，有更清洁的空气和水，父亲或许会得到更好的恢复。我说好。我想那一刻我们都松了口气。

离开北城前，我向失乐园推荐了新的键盘手。两年来我添置过满满一柜子专辑，但我一张都没有带走。不是没有尝试过从音乐中寻找安慰，然而失败了，便意识到那是康衡的救赎，却不属于我。我想我需要更为确定的事物来建立恒常的秩序，忘记追问这天翻地覆背后的缘由，也忘记担忧还有什么更糟糕的事情将要发生，才能让自己不被太快地逼疯掉。

加入东镇中学的田径队后，我开始长跑。田径队的教练是年逾六十的美国人，兼任学校的外教。他已经跑不动了，头发也白了，但眼光尚在，手下出过几个国家队的好手。我感受到身体被雕塑的变化。正如大多数运动员，教练的晚年饱受煎熬，旧伤发作是家常便饭，严重时走路都一瘸一拐的。我常常找他聊天，问些俗套的问题，譬如你为什么会来到中国。然后我听到一个漫长的故事，已经很久没有令我震撼的故事了。

1979年12月24日，亚伯在凌晨四点半醒来。他按掉闹铃，穿上衣服，起床开始又一天的训练。亚伯是我的教练，那年他二十岁，这样的生活已经持续了八年，在高强度的训练中颤抖，远离同龄人的享乐，将自己打造成为出色的长跑运动员。亚伯获得了明年参加莫斯科奥运会的资格，而金牌是他想穷尽一生去摘取的王冠。当时亚伯以为那不过是很寻常的一天。他没有看到报道时局的新闻，更预判不到从此急转直下的形势，只是在体育场跑步，一圈又一圈。一个月后，时任总统宣布，美国将拒绝派遣代表团参加莫斯科奥运会。

与亚伯同样入选莫斯科奥运会的，还有其他四百五十七名选手。年轻的亚伯是其中较为乐观的那个。他认为自己还很年轻，下一届仍然有很大机会。于是他剑指洛杉矶。除了训练，篮球是他不多的娱乐，那天他们拼抢得很凶，亚伯摔倒在地上，撕心裂肺的疼痛开始蔓延。他一度觉得自己的脚和身体脱离了，但其实它们还好端端地连在一起。朋友过来拉他，但他完全没法站立，手下意识地往绵软的地方摸，心登时凉了半截。那里是他的跟腱。

亚伯体会到强大的无力感。他没法左右任何事，无论关于变幻的世界还是自己的身体，它们只是陆续出现在他的生命里。他花了两年时间尝试去恢复，但最终失败了。大学毕业后，他成为一名田径教练，慢慢接受着荣光的退却。他很少给予学生确切的鼓舞，如果你怎样，你便会怎样。相反他像个扫兴的人，总是说可能会出现很多意外，比如在重要的比赛前突然病了，比如在外面玩耍时跌了一跤，比如像大邱世锦赛的博尔特一样明明冠军手拿把攥，结果抢跑了。但你不必为此感到自责。你要做的是努力站起来，重新走到起跑线前。我指的不仅是赛场，他强调。

2004年，亚伯受邀来到中国。在这里没有人认识他，但他们都知道刘易斯，因为史铁生在散文里反复提及他的姓名。洛杉矶奥运会时，亚伯坐在电视机前，目睹刘易斯获得四块金牌。他低下头，轻轻抚摸自己的跟腱。

终于发现曾以为理所当然的明天，其实是命运的馈赠。更多时候他以无常的面目示人。有时凶手得到惩罚，有时一句抱歉也等不到，有时甚至连凶手都无法追查，这才是明天无奈的真相。关键在于你该如何面对，在世界被摧毁后，选择转身逃离，还是动手重建。

当我注视着父亲不得不慢下来的样子，依然会觉得很难过。可听到母亲笃定刚强的语气却又很振奋，我知道这意味着她并未被击败，仍然能撑住这口气。偶尔与康衡聊天，康衡说他的父亲讲自己受够了照顾母亲无望的日子，放在过去他一定会抡起拳头揍这个男人一顿，但如今他只是无言。跑步时瞥见手持计时器的亚伯，有时会微微皱眉去按跟腱的位置，但由于腰痛蹲不下来，只能维持奇怪的姿势，心里会堵得慌。但又想到他与母亲是同样勇敢的人，将坚实的坐标刻在我破碎的生命里，我可能要用一生去仰望，又提醒自己不要感到悲伤。念及父母的结婚誓词，叫作共同去战斗。太久没有长时间地待在一起了，他们常常回忆起许多久远到他们以为早已忘记的事情。这是我最近才知道的。

康衡在凌晨发来一条视频。吉他手说，祝大家身体健康，把身体养得好好的去面对衰落和与衰落对抗。今天可能不是你们最坏的一天，明天会更坏的，所以要强壮起来，去与这一切对抗。镜头剧烈地晃动，我久久地朝那翕动的嘴唇凝望。

而此时康衡向我走来，伴着正在播放的《假若明天来临》。他说失乐园准备举办免费的演出，这首将会用来开场。他邀请我去看他们的排练。

父亲的手只有万分之一的可能恢复原状。医生隐晦地劝过母亲，说希望不大，而她仍在为那微末的希望尽一万分的努力。这次回到北城复查，决定了这渺茫的幸运是否能落在我们头上，我对此非常紧张。明天就要去医院了，父亲想让我们安下心来，他轻松地说哪怕手不行了，只是不能手术罢了，还能出诊，和亚伯一样，经验总有的嘛。我不知怎的想起他对康衡母亲的赞许，心中那把坚持了数十年的优秀心内科医生的标尺，瞬时便湿了眼眶。

康衡正在排练，我犹豫着要不要去看看，母亲说去吧，该做什么做什么，并身体力行地约了同事去咖啡厅聊天。于是我也踏出了大院的门。明天的判词，就留给明天再谛听吧。

排练的场地仍然在地下车库，我远远闻见油漆和皮革熟悉的气味，陌生的旋律飞进耳朵里。走近后我发现旧沙发上摆着一台投影仪，白墙映着日出的影像。一轮巨大的红日从地平线上升腾而起，它像一只点燃的帐篷，笔直地向上飘去，渐渐越过了取景框的边界，旋律随之变得激荡而热烈。然后画面忽地陷入一片漆黑，最后的音符消失在凝滞的空气里。

我问康衡，这首歌叫什么名字。他告诉我，这是专场的安可曲，《太阳照常升起》。

有些事情，从一开始就注定会发生。

还有些事情，注定会被遗忘。

云猫

镰足

我们住在一个，无论发生什么事情都不会觉得不可思议的星球上。

1

我这个人，脾气有点怪。只有别人愤怒地朝我咆哮，我才会抬起眼皮，盯着对方看几秒。于是，别人投递来的笑容、善意、温暖……基本都会被我忽略掉。交朋友总是费心费力，不得要领，更何况是与普通人交际，于是我干脆两耳不闻窗外事，这样也挺好的。

此外，我还有收集癖，我收集一元钱的硬币。我把所有的硬币放在水龙头下冲刷，然后晾干，最后放在一个玻璃罐子里。而玻璃罐子必须放在书包最里面一层。我就这样日复一日地背着愈发沉重的书包上学，逛街，去街角逗弄一只容易奓毛的猫。

那只猫的脾气实在不好，你好心好意地将一条鱼干递过去，它居然会拱起瘦弱的腰肢，低声咆哮，全身的毛像是触电般奓起……它的意思是，这条鱼干太小了吗?

好心被当成驴肝肺。于是我白它一眼，吞下鱼干，然后继续沉默前行。

现在是初夏，气流却很热，树叶被烤出焦的味道，类似于某种锅巴的味道。天空掠过淡薄的云，里面像是充满了奇迹。

而我依然穿着长袖运动衫，搭配蓝白条纹的校服短裤。这样的穿衣法则是不会被普通人理解的，每天我出门前都会听见我妈在耳边唠叨："大夏天的你穿什么外套呀！"我都不会搭理她。

喝完手中的牛奶，我将扁扁的塑料包装扔进榕树下的垃圾箱，然后一脸冷漠地走向学校大门。

按照常理，我这样的人是不会有朋友的。

但事实上，我还是有几个关系不错的朋友的。A，脾气很好，成绩却很糟糕，热爱羽毛球和无糖绿茶。B，优柔寡断，成绩优良，什么运动都能让他痛苦万分。C，抱歉……他是个无关紧要的人。之所以用字母代替名字，是因为我觉得这样更易于区分。但只有一个是例外，我记得她的名字……哦，对了，她是我唯一的异性好友。

此时此刻，她又出现在我面前，发出震耳欲聋的咆哮。

"木星！不是叫你别这样穿了吗！为什么不听话！会起疹子的！"

因为太用力，我闻到她嘴里散发出的气味，我揣测出她早饭吃了鸡蛋吐司、桃子和酸奶。

"早啊……月弥。"我没精打采地打招呼。

"今天是星期五！放学后你要去哪里玩？"她继续咆哮，吸引了一众男生的视线。

"回家睡觉……"说罢我打了个哈欠。

"不去逗那只叫西西的猫吗？它好像生了一堆小猫。"

"哦？"

"怎么，很有兴趣？"

"并没有。"

"……"

我是个连双休日都不想出去玩的家伙，比起在外大汗淋漓，我宁愿躲在空调屋里看书、听音乐。没错我就是那种无聊透顶的男生。我还不爱看小说，只看介绍昆虫和植物的科普类杂志。有时我会心血来潮地拿出剪刀，将里面的插图剪下来，贴在一面墙壁上。

我的房间里到处是蕨类植物和昆虫的照片。

每次我妈进来都要抱怨："你喜欢什么不好，偏偏喜欢这些，看起来好阴森。"

我妈真是不懂，她一点都不了解蕨类植物和昆虫的美。

2

星期六的上午，天气预报说会有暴雨。然而我等了很久也没能等到那场雨。站在 24 层的阳台上，我的耳边刮过呼呼的风。城市被厚厚的云层包裹着……显得阴暗无比。

不知道你们有没有玩过那种游戏：对着云朵竭尽所能地想象，想象那是某种可爱的动物。我会玩这种无聊的游戏，可是现在根本没有独立存在的云朵，到处都是千篇一律的，铅灰色的云层。

用手机拍了一张照片后，我传给了月弥。

三分钟后，我收到她的回复："你在哪里？"

"在家啊。"

"可是现在不是在下雨吗？"然后我收到了她发来的照片，果然正在下雨。

这……不可能吧，我们的家只隔了三个公交站的距离。

我只能再次死死地盯着云层看，试图从里面找出点什么异样。然而我失败了。我只觉得视线聚焦处，头顶的那块云像是一只猫，一只正在奓毛的猫。我脑子里的意念愈发强烈，便觉得它越来越像一只猫。猫在低声咆哮……而我眼冒金星。但那种幻觉只持续了短短十几秒，当我揉了揉眼睛再度看向那一带时，却什么也没有。云与云之间的缝隙，闪耀着奇异的碎金光线，失真般好看。

"不是幻觉，那是你的能力。"突然，我听到有人幽然说道。是对我说的吗？可我的房间里并没有人，那声音仿佛来自未知而深邃的地方。

"真是的，宅在家里宅傻了。"我拍打着自己的脑袋。

为了求证，我给 A、B、C 分别打了电话，他们都回答，正在下雨。

真奇怪，似乎只有我所在的区域没有下雨。

百无聊赖中，我拿出书包里的玻璃罐子，看里面的硬币，硬币的数量在逐渐增加，现在快要到瓶口的位置了。你一定会奇怪，我背着那么多的硬币去上学，到底是为了什么呢？答案是，用来随时夹娃娃机里的某款布偶。

城市里有很多 24 小时便利店，每个便利店门口都放着几台娃娃机。有时候里面会出现我心仪的乌云布偶，那是一款很不受待见的布偶，表情奇特，姿态扭曲，所以不是很常见。我花半年的时间收集到了三款，剩下的那一款却迟迟没有出现。

我在等待它。

月弥一直知道我的喜好，她不会嘲笑

我，反而陪着我走遍这城市的大街小巷。当我们走在偏僻的小路上，会有流浪猫从草堆里蹿出来。然后我下意识地看看天空，那里并没有一朵很像猫的云。

“你很久没去看西西了吧？”有一次，月弥这么问我。

我仔细地想了想，好像是这样的。我对一只容易奓毛的猫不感兴趣，然而那只猫的主人开了间人气很旺的餐厅，月弥很喜欢那里的红豆馅太阳饼。此刻，她突然对我说：“我想去吃太阳饼，木星你陪我去好吗？”

我不喜欢甜食，但还是陪着月弥去了。

当月弥一脸兴奋地等着太阳饼时，我则站在榕树下看着踱步而来的西西。

它的身后果然多了好几只小猫，我心想，再试试看它会不会对我有敌意，于是从书包里拿出昨天才买的小鱼干。几只小猫闻到腥味后欣然赶来，西西却蹿过来阻止它们，然后，再一次低声咆哮，炸起背上的毛。它锐利的目光像是穿透了我的身体，瞪得我后背发凉。

我无奈地摇摇头，准备放弃，身后却响起一个女孩的声音：“这只猫好像能看见我。”日光之下，树影斑驳，四下一片寂静……这声音听起来年轻、甜美，却带着一丝慵懒。好像，我在哪儿也听过这样的声音。

然而我一回头，没人站在那里。

不对，如果仔细看的话，便能看到空气里某一处有隐隐的人像。那是什么？我走过去，试图伸手抚摸那奇怪的物质。对方却喊出声：“住手！”

“你是？”我平静地问，内心却是惊恐的。

“你也能看见我？”

“你是在玩什么隐形游戏吗？”

“太好了，居然有人能看见我！”对方没有回答我的问题。

3

若隐若现带着毛边的人像就站在那棵古老的榕树下，没有了阳光的直射，我的眼睛似乎可以慢慢识别她了。是个和月弥差不多大的少女，梳着丸子头，穿淡蓝色的连衣裙，赤脚穿一双拖鞋。

如果对方没有在开玩笑的话，那她应该是幽灵？

然而对方像是读出了我内心的想法般，轻描淡写地回答：“我是人哦，我还活着。只是……因为某种原因，大家看不见我了。”

“你是只有今天才跟着我的吗？还是说……”

“几个月之前我就在你身后了，因为总觉得你身上透着一股神秘的气息。果然我没有看错人，你真的能看见我了。”

“好吧，我还是不怎么明白。所以，你跟着我进过我房间了？”

对方点点头。

现在我算明白了，猫不是对我表现出敌意，而是注意到了我身后奇怪的生物。

至少在它眼里，那团近乎透明的东西很危险。

那么，前几天四处在下雨，只有我家

头顶的那一片天空闪耀着奇异的光，也是她搞的鬼吗?

“并不是这样的，我没有那么大的本事。”少女回答，“可能和你自身有关。”

大脑快要停止运作了，因为太多无法理解的信息瞬间涌入大脑，纠缠在一起。等到月弥拿着太阳饼雀跃地跑过来时，我问了最后一个问题：“请问你叫什么名字？”

“我不记得自己的名字了。”她说。

“先拜拜了。”

“你说什么呢，我会一直跟在你身后的，好不容易遇见个可以看见我的人。反正那个女孩也看不见我。”

好像……也并没有什么不对。

只能先这样了。

4

送月弥回到家，我终于松了一口气，转身想和忘记名字的少女说话。然而这一次又吓了一大跳。原本近乎透明的少女，已经变得更加具象化了。之前只能隐约看到的淡蓝色连衣裙，现在已经能清晰看到上面的白色波点，以及带蕾丝花边的纽扣了。少女也意识到了什么，干脆对我露出甜美的笑容。那种笑容和打扮，说明她生长于一个优渥的家庭。只是因为某种原因，她离开了家。

真奇怪，我从来不会注意别人的情绪、穿衣打扮，可我却不自觉地被少女吸引着。我的目光已经无法从她身上移开了。我想要聆听她说的每一句话。

“我们一起回家吧，我累了。”她对我这么说，可是我听着却觉得格外别扭。

原来我已经跟这个奇怪的少女共同生活一段时间了。

这个世界真是太可怕了，总会发生一些在你理解之外的奇怪事情。

在我的房间，少女赤脚席地而坐，手中捧着我前几天才买的昆虫大全。她不是很能理解我为什么会喜欢看这样的书，饶是这样，她还是看得津津有味。毕竟，在此之前，她的世界只有她一个人，也许是因为孤独太久，所以才会将我房间里所有的杂志都翻一遍。

她说她很喜欢蕨类植物的形状，它们看起来迟钝而古老，却一副满怀心事的样子。它们和自己很像。

我不是很想理她，让我妈听到了，一定会认为我精神出了问题。毕竟她听不到少女的声音。

可少女还在滔滔不绝地自我介绍，她说她的记忆力其实不错，除了家的地址和自己的名字，她多少还能记得一些过往。比如她很爱逛街，她也是那种独来独往的人，下课后会一个人坐电车去那些偏僻的巷子，喝一杯饮料，逛一些精品商店。她一直不喜欢交朋友，因为她比较早熟，总觉得别的女生在讨论一些很没意义的话题。还有，她最不喜欢的是，总爱干涉她私人生活的父母……

某年暑假，少女为了躲避来自父母的压力，一个人跑去山区小镇游玩。在那里，她度过了无比自在的一个多月。她把自己关在小小的房间里，只有饿极了才会去冰箱拿囤积的泡面和可乐。

但当她回到那个城市，却发现，她真的如愿“消失”了，记忆像是被凭空抹去，她从同学和父母的世界里“消失”。比起“消失”，还是被遗忘更加贴切一些。她不喜欢别人打扰她，那么，最终她梦想成真，真的被所有人遗忘了。到最后，少女连自己的名字都不记得了，站在十字街头，她想不起回家的路。不知过了多久，她发现，身体逐渐变得透明……

“很可怕，”末了，她这么说道，“你千万不要成为我这样的人。”

有根筋毫无征兆地跳了下，神经末梢里的细胞蓦然开始逃逸。微小的疼痛感迅速聚拢，自下而上地抵达头部，涨潮般迅猛而野蛮。为了缓解疼痛，我不断地按着太阳穴。那里一直在突突跳动，完全停不下来。于是我打开门，跑去阳台，高空的风似乎能抚平我内心的焦躁。

少女也跟了出来。

现在是晴天，天空里的淡蓝色和她裙子的颜色一样澄澈，阳光照射得她的皮肤更加苍白，也使得她的眼睛更加美丽动人。偶尔飘来的几朵云都软绵绵、胖乎乎的。

“看，那朵云很像一条鱼。”

顺着她的目光看过去，我果然看到一条鱼，搁浅在海滩，苟延残喘的鲨鱼。因为实在太逼真了，我立刻拿出手机拍下来，传给月弥。

然后少女说：“你相信你有一种能够改变云的形状的意念之力吗？”

“开什么玩笑……”

“不如你试试看。”

“我才不会上你的当。”

“我不会嘲笑你的。”

我并不打算理她，但内心却还是默默地做了。我在用意念改变那条“鱼”的形状，然后，它居然真的变成了一只猫！

我彻底震惊了。我是在做梦吗？

我回头看少女，她笑而不语，一副“我早就和你说是真的了”的得意表情。

不过那云猫只维持了短短几分钟，最后，它恢复了鱼的形状，一路往北迁徙，直到消失在视线的尽头。

5

少女很喜欢猫，这一点，我慢慢发觉了。

她戴着一个红丝线绑着的猫咪吊坠，上面镶嵌浅绿色的水晶。无聊的时候她常常会拿出来看，温柔抚摸。每次看到猫，她的眼神就变得更加温柔。此外，她还常常缠着我去那间餐厅看西西。但西西只会觉得惊恐。

为此，她只能远远地看着，看我将手里的鱼干投喂给它。

没有了少女的出现，西西变得很黏人，爱在我脚边转，打滚。

每到这时少女就会露出嫉妒的神色。我想，是否她原先的家里也养着一只听话的猫？那只猫在思念她吗？

我们就那样共同生活在十几平方米的卧室里。日子一点点平淡过去。偶尔我会练习超能力，将云变成心中所想之物。每到这时，少女便会露出期许目光：变成一只猫好不好？

考试结束后，我迎来了漫长的暑假。

暑假对于我来说和双休日一样可有可无，我总是宅在家里睡觉、看杂志，偶尔下楼去买一点零食来吃。某一天，看着少女失魂落魄的样子，我问她：“以后的日子，你要怎么过下去？”

“我也不知道。”她如实回答。

她的头发似乎长长了一点，最近她没有绑丸子头，问她为什么不绑的时候，她居然一脸诧异的表情：“我不是一直散着泡面头吗？”

难道连这个都忘记了吗？照这样下去，到最后她会忘记一切，也会彻底被这世界的所有人遗忘……不行……必须做点什么，阻止这件事的发生。

我问她：“有什么办法能够让意念产生的云猫存活得久一点？”

“用非常强烈的意念就行了。”

这一次，我选择相信她。我立刻跑去阳台寻找天空里合适的云朵，左挑右选后，我对着一朵云实施我的意念，快点变成一只可爱的猫吧。快点变成猫吧。变成专属于少女的温柔猫咪吧……

脑内传来轰隆声响，像风驱使着列车往更加幽深的地方驶去，神奇的力量不断涌现。我能感受到身体在战栗，也能看到云朵一点点地变成可爱猫咪的样子。与此同时，鼻子下面湿漉漉的，我用手指一摸，全是血！

“快点，出来看！”我朝房间里的少女喊。

看见我鼻孔流血，原本一脸疑惑的少女退回房间，拿了湿纸巾，小心翼翼地帮我擦拭掉。好在血很快就止住了，少女这才抬头看着天空。

“啊，好可爱！这次似乎比上次更加逼真了！”

“你喜欢就好。”

“这是……专门为我做的吗？”

“算是吧。”我有点不好意思地回答，转身就进了房间休息，只留下少女在阳台上手舞足蹈，对着猫咪说些什么话。猫会回应她吗？也许会吧……因为我当时想的是，一定要是和主人非常亲密的猫啊。

6

拥有超能力这件事，我从没和任何人说过，包括月弥。

我们依然在夏日的午后去大街小巷的便利店搜寻最后一款乌云布偶，有时还会去公园和游乐场。事实上，这不是我们两个人的约会，每次少女都会偷偷跟在后面。按照约定，她从不和我说话，毕竟就算她说了，我也无法在月弥面前回答她。

她只是安静地站在一旁，看我们两个买零食吃，我还会拿出硬币，帮月弥夹她喜欢的布偶。我的技术还算可以，所以很快月弥就收集到了她喜欢的布偶。

我也为了少女的事去过几次警局，然而没有名字就无法查出她出生的地方。

我发现，只要不是下雨天，云猫就会悄悄地跟着少女。有时候它会打盹，有时则在撒娇，更多时候它在和少女呢喃交流。是那种无声却很亲密的交流。看少女的脸上不再流露出孤独的表情，我很欣慰。

只不过很快，天空中有只猫的奇闻成

了街头巷尾尽人皆知的事。

很多人拍摄了照片传到网络，还有人特意开通了博客，放上每一天云猫的照片……然后，电视台也派记者来到这一带进行现场直播。很多女孩子表示：超级可爱。她们是云猫的铁粉。

只有少女忧心忡忡地问：“怎么办？感觉云猫不是我的专属宠物了。”

我笃定答道：“不会的，从一开始，它就是你的宠物。它会跟着你走，又或是，它会带着你找到回去的路。”

有些事情，从一开始就注定会发生，还有些事情，注定会被遗忘。就好像我知道少女的将来无非是两条路，要么遗忘一切，彻底消失；要么想起过往，如黑夜结束后的白昼般重生。无论是哪一种，她都会和我说再见。

那一天终于到来了，那是暑假快要结束的某天傍晚，天气晴好，天光平淡，地平线处有浅色的乌云。我们照样站在阳台闲聊。

“我好像想起我的名字了，木星。”

我承认我内心“咯噔”了一下。

“那么，请问你的名字是？”

“云郁。”

7

少女终于要和我说再见了。她逐渐想起了很多事情。她想起家里养着一只如雪般洁白的猫，猫很听话，总是枕在她身边入睡。她的家在一个湖边的城市，那里盛产鲜花和莲藕。夏天时她会用花蜜和莲藕做一道甜食。她还记起，她常常一个人偷溜到这个城市玩，独自跑过公园和绿地，去游乐场抓娃娃。她用手指指着一个方向，她记得，那是回家的路。

“那么，再见了，木星。”她朝我挥挥手，“谢谢你一直以来的照顾。”

离开前，少女告诉我可能会有第四款乌云布偶的娃娃机所在的便利店。

直到那时，天空中的云猫还保持着原形，它跟着少女的步伐坚定不移地往南飘去。

过了大半年，我不清楚那只云猫还在不在，也不知道少女究竟有没有找到家。直到某一天，我在信箱里看见一张署名为“云郁”的明信片。她写：马上，我就要找到家了。你抓到那个乌云布偶了吗？

明信片的正面是天空的照片，那只云猫还在，猫的后面居然跟着一长串的小小的云猫。真是神奇啊。

毕竟我们住在一个，无论发生什么事情都不会觉得不可思议的星球上。

乌云布偶我当然拿到了，只是几乎用光了罐子里的硬币。没有了硬币，我背着书包时觉得轻松不少。

现在，我的脾气不算怪了。经历了那次与少女的邂逅，我发现自己能够接受别人的喜怒哀乐了，所以我和月弥说：“不要再咆哮，我能听见你说话。”现在我还有很多朋友，除了A、B、C，还有E、F、G、H……不对，他们都有自己的名字。我喊他们的名字，他们都露出讶异的表情。

自从认识了他们，我就彻底忘记自己曾经有超能力这回事了。

沙漏

林稚子

那个遥远的十五岁是错失的岛屿，有人一辈子停摆在少年时代，而剩下的人奔涌向前，永远不会再回到那个夏天。

1

我掏光身上所有的钱，买了店里最贵的一种花，据说开的花大得像橙子。

花裹在薄薄的旧报纸里，报纸是我特意要店员换的，免得张扬。可那花还是太醒目了，走在街上，我觉得人们都在朝我看。

一回到酒店，我就把花藏进衣柜里。

尽管开着空调，天还是热，到了晚上，花就蔫了。

我把花苞贴着梗剪下来，然后放进浴缸。可还是晚了，没有开放的花苞像死去的小鸟的脑袋。想起刚把它们抱回来的样子，那么多小脑袋沉甸甸地靠在我的肩膀上，如此信赖我可以让它们绽放。

我把手伸进水里，趴在浴缸的边沿，盯着一池子漂浮的花苞，竟这么浑浑噩噩地坐到天亮。

第二天太阳一出来，我就醒了。

早晨的太阳跟傍晚不一样，纯净、透

明，几乎可以听得见阳光清脆的声音。浴室很快被晒得发烫，我打开淋浴冲了个冷水澡，并不觉得困。花还是没有开，橘色的花苞边缘已经显出生锈的颜色。

此时此刻，周坤大概正在医院里做胃镜。我想象自己正坐在走廊里的塑胶长椅上，一边看动漫一边等他。护工推着清洁车经过，水磨石地板上留下消毒水的气味。

我喜欢各式各样稀奇古怪的气味，周坤以前跟别人介绍我时总说，夏里是一个特别酷的女孩。

那时的我染浅棕色的短发，穿纯棉T恤、及膝卡其布短裤，狂热地收集各式各样原宿风的袜子。

周坤说起第一次见我时的印象，以为我是一个发育不良的小男孩，毕竟我的个头儿才到他胸口。

回想起来，倒也不能怪我。周坤那时已经十六岁了，个头儿比我们大部分人都高，也比我们要稳重，不令人讨厌的稳重。像是一辆在夜色中行驶的车，柏油路平稳流畅，道路两旁是黑色的山峦与湖泊。车里放着音乐，乘客昏昏欲睡，而司机戴着帽子和白手套，干燥凉爽的夜风正吹进来。

虽然对他印象不错，但整个初三我都在跟周坤玩一种捉迷藏的游戏。确切来说，是我逼着周坤加入的。他每天至少有一次要在课本或者文具不见了的时候，从前排回过头，非常快速地看我一眼。

我们并不是前后座，中间隔着半个教室。每到这时，我都会推推镜架，靠着后墙，朝周坤耸耸肩再微笑。

是他自找的。

我不喜欢找人麻烦，但周坤喜欢找我的麻烦，老爱在班会上点名说我不守纪律、迟到早退、上课吃东西、逃课什么的。他提到我时我手里正转着一本书，一下子磕在课桌上，发出很重的声响。周坤闻声从讲台上抬起头，问："有什么事吗？"

"不明白你的意思，又说我逃课，又说我上课吃东西。"

本来严肃的教室里发出哄堂大笑，连年轻的班主任都转过身来。她刚大学毕业，好像还不太清楚怎么当一个临时毕业班的老师，尽管她很快就镇定下来。

那时我还挺得意的，周坤站在讲台上，非常镇定地望着我。

我们对望了一会儿，最后我先侧过脸，因为忽然觉得很没意思。

那时我很讨厌他，讨厌他目光里的镇定，那种一点儿也不会生气的样子像大人看着一个小孩在胡闹。

他以为他是谁啊？在这所全市垫底、大家比烂的破学校，他那副体面给谁看？

有一次两个男生在走廊里打架，撞碎了好几块玻璃，围着看热闹的人很多。我们都挺高兴地起哄，但周坤走过去拉开了他们，然后拿扫帚把地方给清理干净。

有好一阵子我对他的这种行为感到厌烦，登记纪律、管闲事、打扫之类的，为了发泄心里的不满，我开始恶作剧地藏他的东西。

这个过程持续了多久，我已经不记得了。

说起来我们同窗共读并没有超过一年，当时有间教室突然着火了，桌椅摆放得密，有几个学生没能及时跑出来。虽然没生命危险，却也伤得够呛。学校被狠狠地罚了一顿，后来收到通知，说每个班级座位不允许超过五十个。而我们这个班，就是“每个班级”临时扫出来的那堆零头。

没有人知道教务处的神秘算法，为什么像周坤这样的好学生会被安排进一个临时毕业班。

他每天会在课间过来找我，拉过附近的凳子坐在我旁边，耐心地看着我，直到我愿意告诉他东西藏在哪儿了。后来他琢磨出我藏东西的规律，也就不来问我了，自己在教室范围内到处摸索。绿植栏、垃圾间、黑板的夹缝后面，下课时间一眨眼就过去，他并非每次都能很快找着，可他从不生气。

我们就这样暗中较劲，直到他忽然开始请我吃饭。

2

一开始我并不想染什么浅棕色头发来着。

有一次我跟妈妈坐在客厅里看电视，屏幕上正播放动物节目。主角是一只被新首领逐出狮群的小公狮，它好几天没找到食物，刚从鬣狗的围攻下逃出来，此刻正躺在树荫下休憩。小狮子的脸被鬣狗抓烂了，有一小块皮肉翻开，苍蝇在上面起起落落。妈妈立刻换了台。

“怎么了？”

“恶心，谁要看这种东西。”

“我要看。”我是真的想看，想知道这只狮子后来怎么样了。

“难怪你成绩差，一天天不学习光想着玩，读书怎么不见你这么认真？”

遥控器就放在茶几上，我却没有拿。后来我起身回到自己的房间，关上门继续用手机看动物节目。

很晚的时候爸爸才结束应酬回来，他一回来妈妈就说：“夏里的脾气越来越古怪，说两句就甩脸子，就是把心挖出来给她她还嫌腥，以后可怎么办？”

最后他们得出一致结论，就是我这种性格以后肯定会吃很多亏。

第二天下午，我拿零花钱去染了个浅棕色头发。虽说颜色夸张，可妈妈一直没注意。每天出门前我都会戴一顶棒球帽，到了学校再摘下来。反正只要我不惹是生非，老师也不怎么管我。

中午放学的时候人走光了，我正在座位上打瞌睡，就听见对面椅子搬动的声音，然后有人轻轻叩了叩我的桌子。

“说事。”

“不舒服？”竟然是周坤。

我仰面靠在椅背上，生硬的铁条跟胶合板硌得我脖子酸痛，但我还是保持着这个姿势。其实我一直没睡着，脑海里想着那只在非洲草原上晃悠的狮子。

“这样下去不行，看你好几天没吃午饭了。”

“离我远点儿。”

“小女孩不要节食减肥啊，对身体不好。”

“不是减肥，你好烦啊！”我有些暴躁地把帽子从脸上拿开，周坤盯着我看了一会儿。

“那是没钱？”

“对，一无所有，快穷死了。”

其实我钱包里还塞着早上从抽屉里拿的五百元，但我反应过来周坤想怎么做了。

接下来他果然每天中午都带我去吃饭，我不喜欢吃学校的饭菜，他就带着我在校门口吃馆子。

那段日子我尽挑贵的点，想用这种方式惩罚他。既然他想做好人，那我就让他做好人。但周坤一直都淡淡的，并没有什么不满。直到我对这种方式感到厌倦，找了个借口没再跟他出去吃饭。

他人缘挺好，仿佛对谁都这么好，并非单单是我。有时我坐在后排看周坤，他坐在一群人中间笑容灿烂，夏季校服的白色衬衫穿在身上仿佛散发着微光。

他的衬衫并不像其他男生一样皱巴巴的，而是熨烫过的、有笔直肩线的衬衫，他是一只从来没有被鬣狗追咬过的狮子。

3

有一段时间我每天下晚自习回家都挺忐忑的，不知道父母有没有吵架。

有一次特别严重，屋里像进了龙卷风，瓷器、靠枕散落在屋子的各个角落，连爸爸最喜欢的胭脂釉盘子都在墙角碎成几块。

没有人在，我茫然地走动，沿途把所有的灯都打开，壁灯、台灯、顶灯。屋子里亮得要命，我走过客厅坐在沙发正中央，斜挎包的带子紧紧地勒着脖颈。虽然是夏天，我却觉得快冻僵了。

我掏出手机玩了一把游戏，很快就输了。我又玩了一把，这回刚开局我就被对面的子弹击中了。我把手机扔到地毯上，扔得远远的，捂着脸哭起来。

我难过得要死掉，可就是哭不出来。我慢慢从沙发上滑下来，爬向手机。那会儿我年纪小，独自一个人会觉得很害怕。

“我爸妈送奶奶去医院了，今晚都不回来，我能去你家吗？”我在班级群里找了一圈，看到周坤的号，咬了咬嘴唇，发了信息给他。

其实奶奶早在我五岁时就去世了，只是我不知道找什么借口好。我用力咬着嘴唇，心想如果他拒绝，我就拿上睡衣去酒店住一晚，反正以前也是这么过来的。

周坤骑着一辆粉色电动车来接我，坐在后座上，我紧绷的神经才松弛下来，不知不觉靠着他的后背睡着了。周坤感觉到了，他怕我掉下去，一路上不停地跟我说话。我实在困得不行，后来蒙眬中我感觉他的左手抓着我的手腕，紧紧地放在胸前。

这会儿我却变得清醒起来，把额头抵在周坤的背上，滚烫的泪水从闭着的眼睛里止不住地流出来。他的背很温暖，在那一刻，我冥冥中觉得这辈子都不会再有这种机会了，能被人紧紧抓着，在某个人背上哭泣的机会。

我们到周坤家的时候，他父母已经睡下了。我是在第二天早上才看见他们的，周坤那晚睡的是沙发，我跟他妹妹睡。从卧室出来的时候，我看见周妈妈围着围裙，正在往桌子上端粥。他家里还有一只小黄狗，尾巴蓬松得像松鼠。周坤爸爸则蹲在地上，将鸡蛋饼撕成一小条一小条地逗那只狗。

他们笑眯眯地跟我打招呼，什么也没有问。或许是周坤已经跟他们说过了。我们出门的时候，周妈妈追上来，手里拿了两个苹果，分别放到我和周坤的书包里。

我们乘公交车上学。

放学后，妈妈开车来接我。她戴着墨镜，看不出什么表情。等我们回到家，家里已经收拾干净了，除了那些碎掉的瓷器。它们在多宝柜上留下的空洞，以后会被新的瓷器填上。

睡觉时，我从书包里翻出早上的那个苹果，放在枕头边。

那时的我特别傻，每天要闻着苹果的香气才能睡着。我对着苹果说晚安，直到它长斑腐烂了才舍得扔掉。我迷信地认为，周坤家的苹果也会把平安带来我家，一切都会好起来。

4

初三的日子很快过去，我没能考上一所像样的学校。爸爸花钱让我念了一所昂贵的私立高中，名字我不记得了，只记得那所高中里有个漂亮的大喷泉，像池塘那么大。喷泉中央有几座雕像，有时鸽子会落在雕像上拉屎，这让我挺喜欢那些鸽子的。

爸爸的生意逐渐变好，所以我们有钱上更好的学校。

有很长一段时间，我以为苹果的许愿应验了。家里没人再吵架，书房的格子上堆满了看起来很贵的酒。我们家没人用书房，后来就被妈妈用来放各种昂贵的东西。

中考结束后，班级群热闹过一阵子，但很快就沉默下来。整个暑假几乎没人在上面冒泡，更没人说我们临时班也该照张毕业照或是聚个会什么的。有时我躺在床上翻看他们的头像，那些动物或动漫的图片代替了脸，很多人我都不记得长什么样子了。

爸爸大把大把地给我钱，如果他在家，刚好我也在家，他就会从皮夹子里掏出所有的钱给我。他说我想买什么就买什么，别心疼，最重要的是我开心。

我每天早上都会早早地到学校，只为了在喷泉那里看一会儿鸽子。

天气逐渐变凉的时候，从北方来过冬的候鸟也来了。有一种羽毛像灰珍珠一样闪着光的水鸟，我不知道它们叫什么名字，开始时它们有点儿胆怯，后来也跟着学校里的鸽子一起吃喷泉里的面包屑和小鱼。

有一天早晨，天气干冷得像玻璃刮过皮肤。我去到喷泉的时候，有两个高年级的女孩也在。她们一边聊着天，一边把早餐面包撕碎了扔进水池里，许多学生都会这么做。但后来事情渐渐有些不对劲，我看见其中一个女孩从包里掏出指甲油，倒了一些在面包片上。

“喂，你干吗呢？”我朝那边问。

“不干什么。”女孩瞟了我一眼，将抹了指甲油的面包片在手心里揉了揉，团成一个球，朝着水面扔去。那些习惯了人类的鸽子和珍珠色水鸟从低空掠过，追逐着，像许许多多交叉的光线。

“别这样，鸟会死的。”

她们并没有搭理我，其中一个女孩快速地说了一句脏话，两个人都笑了起来。她们又开始倒指甲油，面包球在空中再次划过一道弧线。

我走过去，感觉太阳穴那里的神经一跳一跳地疼。对那些漂亮得像灰珍珠一样的鸟和鸽子，为什么会有人以摧毁美好的事物为乐呢？

爸爸来学校的时候，脸色很不好。

他说我不懂得珍惜，他花那么多钱不是让我来学校惹事的。

“不怪我，是她先欺负鸟的。”我说。

“什么东西？”

“那些鸽子、候鸟，她喂指甲油给它们吃。”

“所以你就把人家推进水池，那些破鸟比人的命还重要？”

“不是，爸爸你什么都不明白。”

“我怎么不明白了？”爸爸不耐烦地挥了挥手说，“你是脑子坏了吗？我花了多少赞助费，我是送你来读书的，不是来丢人的。你现在怎么变得跟你妈一个德行？不讲理。”

我望着车窗外，飞速驶过的城市街景像幻灯片一样掠过我眼前，爸爸身上的男士香水味在温暖的车厢里飘荡。我攥紧手心，怕自己会哭出来。那一刻我忽然意识到，他不再爱我们了。

5

我被记了过。

那天晚上刮了很大的风，外面的树枝摇晃得像海浪。我去楼下透气的时候，听见什么地方有微弱的猫叫声。后来我发现声音来自雨水排污管道，那是一只刚会走路的小奶猫，不知道它是怎么钻进去的。

我把它掏出来，放在地上，转身走了几步。回头一看，那只小猫摇摇摆摆地追了上来。

“你回自己家去吧，我也要走了。”我说。但它弓着背叫，在我的脚边来回绕。

我不想带它上楼，父母正因为我的事在吵架。我蹲下身，把它抱起来。它那么小，一只手掌就可以托住，粉红色的肚皮鼓鼓的，像一个很小的孩子。

我想起了周坤，他以前收留过我，我还记得那个地方。在打车去他家的路上，小猫在我的风衣口袋里睡着了。我把它抱出来放在膝盖上，坐在楼道的台阶上等周坤。

快十点半的时候他才回来，似乎长高了一些，也更瘦，新学校的校服穿在身上很好看。一开始他没认出我，后来是我叫了他一声。

“嗨。”

“嗨，是你呀，好久不见。”他笑着朝我挥挥手说，“冷不冷？你怎么会在这儿？”

我告诉他我捡了一只猫，问他能不能收留它。我没说父母和水池女孩的事，只说家里没地方养，还半开玩笑地说我家连我都快没地方养了。

他接过小猫，小猫在他的掌心里动了动，又闭上眼睛继续睡。我们一起盯着猫看了一会儿，他问我这只猫有没有名字。

“没有，”我说，“要不你给它取个名字吧。”

他想了一会儿，说叫莱昂怎么样，夏里是浅棕色的，莱昂也是。我们都笑了起来。

后来我站起身说我要走了，再联系。他点了点头，把猫轻轻地放在胳膊上，像照顾一个婴儿那样环抱着它。寒风吹到院子里发出簌簌的声响，他勾着食指，一下一下轻抚着莱昂浅棕色的小脑袋，让我一回到家就给他发信息。

出了小区，我一个人在路灯下走了很久，把手插在衣兜里，仿佛那里还有小猫的余温。

后来我又去找过周坤，都是为了莱昂的事，给它带新买的猫粮，或是猫玩具。我曾试着在微信上转饲养费给周坤，可他坚持不肯收。他说莱昂虽然是我捡来的，也算是他的，他有份儿养。

只有一次我去了周坤的学校等他，他们学校挺朴素的，虽然没有我们学校那么气派，却有一种古典温和的美。

我第一次看见他和他的同学从校门口的香樟树下走过来。那时我的心咯噔一下，终于明白为什么初三的时候我会觉得周坤有些格格不入了。他应该属于这儿，在这个地方，他和那些优秀的人走在一起，他们才像是一路人。

6

爸爸开始不回家的时候，妈妈学会了喝酒。

她坐在书房的真皮转椅上，开着音响，把柜子上的酒一瓶一瓶地打开来喝，有时候会兑冰块和果汁，有时候什么也不兑。她喝醉后会骂我和爸爸联合起来毁了她，她说如果不是我，她早就远走高飞了。

那会儿上高二，我变得不爱上学。老师找家长的把戏已经对付不了我了，因为两个人谁也不愿意来学校。他们很有默契地双双把学校的号码拉黑，到后来班主任也不愿意管我了。

我又开始染夸张的头发，打耳洞。有一次我去给莱昂送一堆新买的玩具，在楼下等了一会儿周坤才下来。

他一直沉默地听着我介绍各种玩具，我一样一样地从书包里拿出来，最后给他看带给小黄狗的几种新口味磨牙胶。

“夏里，你现在学习怎么样？”周坤问。

“你早就知道我不是那块料。”

“不，我觉得你挺聪明的。别这样，太可惜了。”

我蹲在他跟前，从书包里掏出来的宠物零食和玩具在地上堆成了一座小山。我慢慢拉上书包的拉链，说：“我知道了。”

我站起来想走，周坤拉住了我。

“你最近是不是遇到什么事了？”

“没有。”

“那你抬起头来让我看看。”

我低着头，拼命想忍住眼泪。但很快它们就一连串落在我的漆皮马丁鞋面上，形成两汪小小的池塘。

周坤叹了一口气，抬起手一下一下轻轻抚摸着我的头，像拍莱昂的脑袋。

他说：“你把耳钉摘了吧，再把头发染回来，我们一起努力好不好？我是说真的，你别在这个时候放弃自己。”

那时高二上学期已经快过完了，寒假里，周坤开始给我补习。

我们每天都会在市图书馆见面，他很早就去占座位。我们面对面坐着，他写完自己的作业就开始检查我的，然后在楼道里给我讲解错题。

有一次我问他为什么要对我这么好，他说因为我值得。

为了这句话，我开始不要命地学习。我觉得自己不能辜负周坤的信任，尤其是从小到大，这是第一次有人不求回报地对我好，仅仅是因为我值得。

高三第一次摸底考试，我从倒数第一名变成第三十九名。之后每考一次，我都在进步，有时多有时少，很多个夜里我是靠着喝大量的咖啡来压制疲倦和睡眠。如果题目错得特别多，我就罚自己不吃饭，这些周坤都不知道。

暑假以后，我们都升入高三，几乎没有时间再见面，他们学校连周末的课都安排满了。

我仍然独来独往，每天埋头刷题，偶尔周坤会给我发信息，只有短短几个字，加油或者坚持，配上三个感叹号。那些消息我一条都没删，有一次我发给他我的期中考试成绩。那次是全市统考，比起第一次考试，我跨越了整整三百名。到了晚上，他特地拍了小黄狗和莱昂坐在一起的照片发给我，他说奇迹就是夏里。

我把这张照片设置成屏保，即使在妈妈的车上也不断做试卷。

我开始大把大把地掉头发，眼睛干涩得要命。高考很快来临，那两天在我脑海里留下一片空白，像一支燃烧到尽头的闪光弹，一路飞到高空，在最明亮的时候用尽自己全部的力气。

7

高二的那个暑假，我曾经问周坤高考以后想去哪儿，去做什么。他说他想去附近一座小岛上住几天，那里有一座荒废的灯塔。他会带上帐篷、食物和手电筒，晚上就躺在灯塔外的平台上看星星。

我问他：“你一个人不怕吗？”

他说：“不怕，夜里特别安静的时候，能听见海里的各种声音，鲸鱼的歌声、温泉的涌动声和深海里莫名的沙沙声。它们像沙漏一样，缓慢而有节律，从水底往上游动，听起来像平行空间里的事情。”

我说：“我也去。”

“行，那我们一起去。”

高考结束，我做的第一件事就是逛遍海市的户外商场，买了运动装、牢靠的帐篷和手电筒。我还按照网上的攻略买了一大堆应急药物、能量饮料和压缩食品。

然而那段日子一直下雨，台风季比往年提前了半个月。我们一直在等天晴，因为如果要在岛上露营，需要连续一段日子的好天气。否则海上风浪过大，可能会没有船接我们回来。而待在那座荒废的灯塔上，也充满了危险。

等到出发的前一天，我在浴室里舒舒服服地泡了一个澡。我想象着明天的这个时候，我已经在岛上了。我和周坤在灯塔的一角燃起酒精炉煮咖啡，然后彻夜看星星、听海浪声。

盥洗室的门开了，我看见妈妈走进来，问我买帐篷做什么。

她很少进我的房间，这时我才想起来，洗澡前太过兴奋，我没来得及关房间里的灯，露营要用的东西都被我摊开了放在地板上。

我没有回答她，不知道该怎么说。

妈妈从洗漱间走进浴室，她穿着睡袍，丝绸带子松垮垮地拖在地上。我让她先出去，但她不肯。我说我要先起来穿衣服，然后我们出去说。她说我什么样她都看过，反正我是她生的。后来我们开始大吼大叫地争吵起来。

我忘了她是怎么离开浴室的，总之我哭了，第二天醒来的时候眼睛红肿得不行。

我几乎没怎么睡，一起床就开始收拾行李。这时，我听见外面有人走动的声音。我看了一眼闹钟，才六点半，码头的第一班渡轮是八点开，无论如何我都来得及。

七点时，周坤打了电话过来，问我家住哪儿，他叫了出租车，让我在小区门口等他。我告诉了他地址，又去冰箱里拿了两块冰在眼皮上按压了一会儿，我不能让周坤看出来我哭过。

我走去客厅，室内很暗，窗帘没有拉开，茶几上堆满了酒瓶和空的水晶杯。妈妈总是让钟点工收拾这些，她每次喝酒就会拿一个新杯子，有时酒没喝完，就随手放在什么地方。有时我会在壁橱里发现一个脏酒杯，干涸的红渍就凝在杯沿上。

我背着巨大的登山包往门口走，但发现门怎么也打不开，它被反锁了。

我扔下包朝着妈妈的卧室跑去，但她床上的软被乱糟糟地堆着，室内空无一人。我从露台一路找到书房、客卧、餐厅、厨房，哪里都没有妈妈的影子，两旁的盥洗室也没有。

周坤打来电话，这次他说他和司机已经等在小区外面了。

“你去不了了。”从客厅幽暗的角落里传来妈妈的声音。我吓了一跳，打开灯，这才看见她一直坐在角落的藤篮摇椅里。她躺在里面，藤椅像半边黑色的蛋壳将她包在里面。

“妈妈，求你了，把门打开。”我说。

“你和你爸爸一样，都要抛弃我。”

“不会，我只是和同学去露营。你是不是还在生我的气？我向你道歉，我昨天晚上不该跟你吵。”

我的手机又响了，是周坤打来的。妈妈看着我，说：“那好，你把手机给我，我问问你同学是不是有这么回事。”

我迟疑了一秒钟，把手机递给她。妈妈接通了电话，开了免提，慢悠悠地问对方是谁，周坤报了名字，妈妈忽然很大声地问周坤跟我是什么关系，她说了很多，几乎有些歇斯底里，最后她没等那边开口就挂断了电话。

我从她的手里抢过手机，但已经太迟了。我冲向大门，用尽一切办法想打开那扇门，最后把指甲都抠裂了，门依然纹丝不动。

我绝望地扔一切够得着的东西，瓷器、抱枕、椅子、酒瓶和水晶杯，妈妈始终躺在摇椅里平静地看着我，没有一丁点震惊。

我跨过狼藉的战场，来到门口。周坤没有再打电话过来，我倚着门，一直坐到八点钟。然后我慢慢地爬起来，拖着登山包返回自己的房间，再把门锁上。

8

整个暑假我没有出房门一步，我每天

都生活在自己的小套间里。钟点工阿姨给我端进来什么我就吃什么，有时候好几天我都不洗漱、不换衣服，把空调开到十六摄氏度，裹着厚被子睡觉。我不打游戏、不上网、不看书，只是睡觉。奇怪的是，我连梦也没有做一个。

我拉黑了周坤的各种联系方式，或者说，我已经没有脸再见到他。

坐在反锁的大门那儿直到八点钟，我想通了一件事，我这辈子都不可能再跟周坤有交集了。

也是在那一刻，我决定永远不再见他。无论我多么努力，我血缘里的定时炸弹都会在无法控制的时候重返。当我像他们一样砸东西，当我像他们一样歇斯底里的时候，另一个我缩在躯壳里害怕极了，我看到我成了爸爸妈妈的复制品。

我是被这样教育着长大的，如果有一天我开始向周坤扔东西、破口大骂，那又该怎么办呢？

这些黑暗不该是另一个温柔的好人要承受的。

初中毕业的十年后，沉默许久的初三班级群忽然热闹起来，大家说临时班也应该有个聚会，算是弥补以前的遗憾。

有人说当时不觉得有多么重要，离开了才感觉那一年还挺有意思的。

我看到各种头像冒出来，聊着一些我并不熟悉的往事。其中偶然提到我，大家都觉得夏里很严肃，很冷淡，特别不好惹。

“她是不是跟周坤挺好的？也就周坤跟每个人都能玩到一块。”

一个统计聚会人数的同学说她已经问过了，周坤这次聚会来不了，胃病犯了，那天正好要做检查。

我认认真真看完了他们的每一条发言，尽管我如此贪婪，也意识到我们像是在一条永不复返的船上。那个遥远的十五岁是错失的岛屿，有人一辈子停摆在少年时代，而剩下的人奔涌向前，永远不会再回到那个夏天。

聚会的前一天，我回到了海市。自从上了大学，我就没再回过这里。爸爸妈妈早已分开，像两条永远不再相交的线，彼此隔得越来越远。

我在花店里转了一圈，看到一种橙色的花，美得像是红色的爱情和黄色的友谊。它是第三种东西，微弱的、疼痛的，像沙粒打磨着心脏。店员告诉我它的名字叫莱昂。

名叫夏里的女孩抱着花在阳光下走了很久，一直走到医院附近。她随便在一家酒店订了个房间，躺进黑暗的衣柜里，闭上眼睛，周围都是莱昂的香气。

她梦见十五岁的夏里，有着浅棕色头发的少女沉浸在一片幽蓝里。她说离别不是没有打开的门，不是删掉的通信方式，也不是那些在图书馆的楼道里，两个人分着耳机听 *Yesterday Once More*——而是从一开始就在倒计时，从她觉得他像夜行车的那一刻，从他在讲台上念出她名字的那一刻，离别就已经开始了。

所以和解吧。

所以放手吧。

二十五岁的夏里，在疲倦和眼泪的深海，听到了沙粒从瓶子缝隙里滑落的声音。

正是因为不知道结局，才有了对未来的期待希冀，与无比乐观地积极地去努力的理由。

逆行

王书娅

语文老师

我第一次见到白溯，是在办公室门口。

老师们大多喜爱养花草，一出太阳便在走廊上顺着摆了一溜，远远望上去郁郁葱葱一大片，很是喜人。

而我则蹲在中间那株草面前，十分认真且分外凶狠地刨它的根——听说植物会长得像主人，这株草看起来就长得忧国忧民且迂腐不堪，肯定是老白养的。

老白是高三的年级组长，也是我的语文老师。其人不算太老，思想却古板得不可思议，语文课也因而无聊得紧，因此我连逃了六节课，虽然有同桌协助“作案”，最终还是被他请去喝茶了——因为我同桌对于他敲着我的空桌子抛出的“这个人去哪儿了”的问题，回答得十分没有可信度：“她去医务室了。老师您还不知道吧，小娅她每晚都在宿舍里呕血，一呕一脸盆，我们都可心疼她了。”

显然老白也十分心疼我，所以只要求我把检讨写够八百字。但我一个字都不想写。

而就在我充满怨念地专心致志低头拔草时，白溯好听的声音从我脑袋上方传了过来：“这位同学，你在做什么？”

这陡然响起的声音吓得我一抖，整株草便被连根拔了起来。

恰在此时，听见声响的老白推门而出，见到握着把黏了碎土的草叶站在原地傻笑的我和不觉间微微一愣的白溯，脸上的表情几经变幻，最终竟“漂亮”得像调色盘一样。

统一战线

白溯是新来的实习老师，教语文。

他在很长一段时间里辗转于各个班级旁听语文课，却似乎对老白存着执念，唯独对于他的课，一节都不肯落下。

由于被班主任下了通牒，我在接下来的一段时间内都不敢再逃课，所以心不甘情不愿地在语文课上留了下来，却依然没办法安分，索性跟最后一排坐在角落里的同学换了座位，极力想降低自己的存在感。

而旁听的老师一般是坐在最后一排——换言之，语文课时，白溯常常坐在我的身边。他也是一个存在感不怎么强的人——除了那一次。

那堂课，老白发了扩句专题的卷子让我们限时完成，我恹恹地甩着笔不想做，却在对答案的时候被他叫了起来。

题目是用“古塔”“风铃”“故事”这三个词写一段话，要求用上一种修辞。我声情并茂地读道：“老师给我讲了一个简单的故事，古塔的屋檐下挂着一串风铃，风吹过时便发出银铃般的响声，铃铃铃。”

在全班的爆笑声里，老白的脸皮涨得泛青。

而众人的笑声中，有一道显得尤为响亮——是白溯。他在我身旁笑得前仰后合，完全不顾自己实习老师的形象。

不知道是不是我的错觉，我总觉得，老白的眼刀扫过来时，似乎是在白溯身上停留了一阵子才重重剜下去的：“乱写什么？去门口站着！”

我揪着卷子慢腾腾地挪到门口，却听老白又道：“刚才笑得最响的，也一起出去。”

于是白溯耸耸肩，自觉地抱起笔记本和教案，跟在我后面走了出来。

直到站在走廊上，我扭头看着白溯的侧脸，都还在想，老白这又是何苦呢，人家再怎么说也是个老师，虽然是实习的，但“本是同根生，相煎何太急”啊。

似乎是察觉到了我的目光，白溯也转过头，朝我笑道：“我见过你。”

对，在我弄死老白养的那株草的那天——那也是他第一次来学校报到的日子。

“你不喜欢上语文课？”他靠在教室的门旁边，声音很轻，“或者，是不喜欢你们的白老师？”

“怎么会。”我撇撇嘴，“我学习认真得很。”

他转眼瞥见我卷子上的造句答案，唇畔不由得笑意更盛：“排比句：‘中午，太阳公公温柔地照耀着大地；下午，风婆婆柔和地抚摸着大地。’”

我默默地将卷子团成团。

似乎是注意到门外的我与白溯交谈甚欢，老白的眼刀透过窗玻璃扫了过来。我下意识地摸摸鼻子，继而忍不住开口道：“老白不喜欢你？”

白溯有些郁闷地点点头，动作局促得像个孩子：“大概因为……我曾经也是他的学生吧。”

果然……是那种不讨老师喜欢的学生吧？我耸耸鼻子，仿佛感受到一种来自灵魂深处的共鸣。

于是，我抬头望向他，然后一字一句地说道：“白溯，我们统一战线吧？”

打入内部

“统一战线”这个词，本身有很多种意思。而最简单的一种含义，叫作“为了共同利益，我们各取所需”。

“开头当然是要写，‘尊敬的白老师，我知道我错了’。”白溯告诉我，他高中时也常常被罚写检讨，形式多样，内容丰富，比我的履历精彩得多，所以此刻，才能饶有兴致地坐在这里教我写检讨。

“我发誓我是一个好孩子。”我再次重申，“你看，我连检讨都不会写。”

“对于这次的错误，我感到十分心痛。”他敲敲桌子，示意我继续，“可怕的不是犯错，而是一错再错，死不悔改。”

“我才没有死不悔改。”我纠正他，“虽然逃了五六次课，但老白只发现了一次，所以严格地说，我只逃了一次课。”

白溯想了想，笑道：“有道理，那就写‘虽然是初次犯错，但情节严重，给其他同学造成了不良影响，我作为课代表，本应起带头作用，却给大家树立了不好的榜样……’”

“等等。”我打断他，“当年，你是课代表？”

“嗯……”白溯皱了皱眉头，似乎这才意识到自己一不小心说顺了嘴——毕竟我并不是语文课代表。沉吟一阵，他咧嘴笑道：“那是白老师看走眼了吧。”

仿佛是触及我怀疑的眼神，他拍拍脑袋，又说道：“你们的白老师，是一位很好的老师。”

“快歇了吧。”我撇撇嘴，“你又不是没听过他的课，每次上语文课，老白整个人就像慢半拍似的，一句半分钟的话非要拖成一分钟，一个知识点能重复讲上三四遍……真是课多任性啊。”

“所以你才不想上语文课？”

“是啊，太无聊了。”我丝毫没有意识到白溯正把话题悄悄扯开，只透过阳光，眯着眼睛看着手上的检讨书，“写得真棒，我果然是个有诚意的好学生。”

“那么，你的任务算是完成了。”白溯从文件夹里掏出一摞印着表格的打印纸，笑道，“现在轮到我了。”

我凑过去：“你这是要打入敌军内部？”

那表格上收录了我们班五十八位同学的名字，对应的横轴依次是特征、擅长，以及各种各样我能想到和我想不到的东西。

“非也非也，知己知彼，百战不殆。”白溯笑意不减，“你可以把它当成一个测试来看啊，就当是测一测你对同学们的了解程度。”

我狐疑地睨了他一眼，总觉得哪里不太对劲。但鉴于我们的同盟关系，我还是非常认真地把同学们的情况一一说给他听了：“班长最大的优点是性格好，演讲能力很强，擅长的东西好像是……长笛？总之是一个能把人际关系处理得恰到好处的人……学习委员是大神级的学霸，对每一个人都很有耐心……”

我顺着名单上的名字逐一回忆，白溯也记得十分认真，最后一笔落到我的名字上，他却笔锋一转，在下方添了一个老白的名字：“你对白老师了解多少？”

我愣了愣：“为人迂腐，讲课无聊。”

"只有这些吗？"将我说出的话一一记录，白溯头也不抬地问道。

"仔细想想的话……"我努力回想，"他跟他儿子的关系应该不怎么好。"

这回倒是白溯一怔："这话怎么说？"

记忆里，我跟老白也有过关系不错的时候。那阵子文理分科，刚刚换了语文老师，我正为有个新老师而感到无比新奇，又恰巧正在准备一场作文比赛，便企图借此与他探讨一番。老白对此表现得十分惊喜，于是笑吟吟地跟我提起很久之前带他儿子去参加作文比赛决赛的场景，说起北方冬天下起的雪，以及他儿子被收录入文集的文章。

可是，老白的儿子是一个理科生。

理科生和作文大赛，原本是没什么矛盾之处的，可用老白的话来说便是——"我不想让他读文，他却背着我偷偷寄去作文参加了初赛，而我直到现在，都看不懂他十七岁时写的文章"。

那会儿懵懂无知的我眼睛一眨，接话道："那他应该是真的很喜欢写作了？"

"应该是吧……"老白答得有些迟疑。

"应该？"

"嗯……应该。"

那个时候我就觉得，老白和他的儿子一定有很深的代沟。

"但是听说，他儿子最后还是从理科转到了文科。"我耸耸肩，抬眼望向白溯，"我觉得老白真是一个矛盾的人，一方面不希望儿子读文，儿子转文之后却又嫌他的文学素养不够高……对了，他最后提起他儿子时所说的话是，'从优秀至泯然众人矣'。"

白溯沉默了一阵，眼睛深处似乎有道炽白的电光，却只微微闪了闪，便倏然而逝。

我忍不住多眨了两下眼睛，默默地在心里把那道光芒归结于错觉。

"不过，刚好提到这件事情。"心绪流转之间，我脑海里的念头脱口而出，"不如，你来教我改文章吧？"

他微微一愣，却是意料之外地连连摇头："放过我吧，我已经很多年都没有接触过非应试的作文了。"

这话太过耳熟，我忍不住道："你好歹也是个语文老师，连文章都不会改，说得过去吗？"

白溯愣了愣，随即被逗笑了："你也说了，我是高中语文老师，所以只负责教人写考场作文。"

"你这托词简直跟你——"话到嘴边却被生生截断，我的脑海里飞速闪过许许多多碎片一样的单词，最后拼凑出一句完整的话，"简直跟你的语文老师一个样子。"

"反正文章我是肯定改不了的。"白溯无所谓地挑挑眉，接着说道，"但是作为你帮我填表的感谢，我带你去看星星吧。"

望着他温和带笑却深不见底的瞳眸，我竟鬼使神差地答应了下来。

火星逆行

"荧惑逆行，守北辰。"据说这是《史记》里关于火星逆行最早的记载。

秋末冬初，火星逆行，预计时间四十三天。

夜深寂寂，寒星高悬，晚上八点，本

该是晚自习时间。我站在学校的天文台的走廊上，右手边是灯火通明但阒无人声的高中部教学楼，左手边是裹着棉袄依然被冻得瑟瑟发抖的白溯。

原来，白溯是想带我看这个。

可我觉得他实在是蠢得一点都不可爱，竟然企图用肉眼看到火逆。

望着远处阑珊一片的灯海，我发了许久的呆，直到一阵冷风灌进领口，才忍不住紧了紧衣领，拍拍他："我们走吧，看不到的。"

白溯结结实实地打了个喷嚏，却依然固执地摇头："学校视野这么好，肯定能看到的。"

我感到一阵无力："你不要挣扎了，火星逆行是要拍照做对比才能看出来的，明天我去星云社社长那儿把天文台的钥匙借过来，到时候咱们用望远镜看，成吗？"

他瞥了我一眼，有些失望地趴在走廊的围栏上："没有机会了……我明天就要走了。"

我被他的话吓了一跳："为什么这么突然？"

"实习期本来就很短。"他抬头望天，盯着星光璀璨的星河，悠悠感慨，"我高中时期的梦想就是在学校里看一次星球逆行，可是现在看来，是没有机会了呢——"

我瞅着他看了一阵子，最终投降："算了算了，我现在就去借天文台的钥匙。"

闻言，他嘴角一咧，立马换了一张毫不真诚的笑脸："那你一定要快一点回来啊。"

我打了个寒战，鸡皮疙瘩在他的笑容里掉了一地，连忙摆手离开。可事实证明，这一次，无论他笑得有多灿烂，我们都注定没办法偷偷溜进天文台，一起看火逆了。拿了钥匙去而又返，我却发现灯光昏昧的走廊上，不知何时竟多了一个人影——是老白。

逃离星系

实习期结束之前，老白让白溯交一份实习总结。白溯将这任务做得很漂亮，却在呈交文件时，不小心把班上同学的资料卡夹在夹子里，一起交了上去。

我过去的时候，正好听到老白在用老师们一贯深沉的语气问他："你一直做这些无聊的事情，有什么用？"

有什么用？这话真是耳熟得可怕。

你一直写这些东西，有什么用？你发表的这些文章，有什么用？……

一股热血直冲进脑子，我几乎忍不住要冲出去为白溯伸张正义，然后抬起的脚却在老白再次开口之时，重又落了回去："我为你取名为'溯'……并不是希望你成为逆流。"

仿佛脑海里有一根绷紧的弦终于不堪重负琤然崩断，走廊上登时陷入一片沉默，连声控灯都熄了下去。

失了走廊上的光源，一旁教学楼之中的白色灯光便固执地透过窗棂穿过夜色，打到了白溯的侧脸上，竟映出三分惨白来。

我不知道老白是什么时候离开的。

"你说……如果我当初听他的话，没有寄作文，没有转文科，现在会不会，就不是这个样子了？"不知道过了多久，一直背对着我的白溯突然开了口，"我觉得真是奇怪，从十七岁开始，好像我能跟他交流的话，就只剩下‘不要做没有意义的事情’这一句了。”

我忍不住摸摸鼻子，上前两步：“那是因为你跟他有代沟，你那篇文章明明那么棒。”

他若有所思：“果然，你早就知道我是他的儿子。”

我忍不住又摸摸鼻子，却不知道该怎样将话题接下去。

我并不是那种看到一个人的脸就能准确判断出他和某人有血缘关系的人，我的记性也不算太好，没办法在别人说过一遍之后就立刻准确地记住某个名字。

可有关白溯，却有一点点不同。最早的时候，老白跟我提起白溯，言语之中本就是满满的自豪与难以掩饰的喜爱，那个时候，他告诉我：“我希望他能谦和有礼、冷静理智，能与他人和而不同。”

那才是“溯”字原本的用意。

然而如今，他却以同样的一个字，告诉白溯，“我不希望你成为逆流”。

不知怎么的，我想起了那个时候，我辗转许多家书店才找到的那本作文集，那时候十七岁的白溯在文章的结尾写道：“火星每两年就会逆行一次，可过完那段时间，依然会回到自己的轨道上。在巨大的宇宙里，我们都是逆行的星球，即使幸得一程逃离，最终还是会回到原本的道路上去。”

现在看来，当真是一语成谶。

明明我们都想要与旁人不同，可是到头来，却没有人能与旁人不同。

“我直到现在才觉得，其实我与他……并没有什么不一样。”走廊上的声控灯灭了又亮，白溯的声音淡淡地从前方传来，“我也是他的学生，我也曾经像你一样讨厌他无聊的课堂，可是现在想想，或许我未必能做得比他更好。”

才不呢。我很想跳起来反驳他。你们本来就是不同的啊，像老白那样教书三年都搞不清楚班上学生名字的人，可是从来都不会这么细致地去研究每一个学生的喜好呢。

“直到今晚，我才终于想明白这一件事情。”白溯顿了顿，“其实，我和你是一样的。总认为逃掉语文课就能逃掉枯燥的考试，逃出学校就有一片自由的天空，可这本身就是一个伪命题啊，世界上没有第二件事情，会比你现在在做的事情更加美好。我们总在寄希望于那些看不见也摸不着的东西，却总不先想一想，现在我可以做什么。为什么我那时候没有听父亲的话呢？为什么我那时候没有更努力一点地学习呢？为什么我那时候没有变成一个执行力更高的人呢？为什么呢？”

他在夜色之中转过身，唇畔扬起的弧度让我微微一愣，继而心里翻江倒海地席卷出一股莫名的恐惧。

也许，他说的是对的。我们想逃离的，不是老白也不是学校，而是现在的生活。我们以这样的方式来标榜自己的不同，却没有能力为自己创造想要的环境。

我的恐惧之源，一直以来都深深地埋在见到白溯时的第一眼里。

我怕白溯成为老白，怕自己……成为白溯。

可是到头来，老白和白溯都是对的。明明我们在做着的，都是没有意义的事情。

我们都是一样的。

祝你快乐

翌日，我午休睡过了头，一路穿过摆满了绿植的走廊跑到校门口，所幸，白溯还没有离开。

走到他面前，我径直将手中的文件夹递给他。

“这是什么？”大概他并未想到我会来为他送行，所以显得有些吃惊，“给我的送别礼物吗？”

“是你的实习成果。”我忍不住用中指压了压眉骨，尽可能地把眼睛里的疲倦疏散开去，“来自我们班的五十八封信，你还满意吗？”

一晚上的时间着实太赶，我挨个打了所有人的电话，才堪堪凑齐这五十八封信。

看他一脸激动地翻着那些信，我忍不住开口：“白溯，这些东西，只有在老师和学生同时记得彼此的前提下，才会有意义。”

他微微一愣，抬眼望向我。

“我做这件事情，只是想要告诉你……老白做不到的事，并不意味着你也做不到。”顿了顿，我抬头注视着他的眼睛，“另外，我想要纠正一个你十七岁时犯的错误。所谓‘火星逆行’，并不是真正的反向运行。事实上，火星的轨道从来都没有改变过，只是因为我们在地球上，所以才会在相对运动的时候，产生那样的视觉错觉。可人生本就不需要别人做参照物，连老白那株被我连根拔起的草，如今都能振作起来欣欣向荣地迎接阳光，又有什么事情是不可能的？所以，你也不要放弃你想做的事情，好不好？”

听我说完，白溯愣了半天，许久，才缓缓笑道：“你只是想说服你自己。”

我嘴角一撇，不乐意了。

“但是……”他慢慢地俯身抱住我，“谢谢你。”

“真是别扭的人啊。”在回抱住他的同时，我忍不住笑着叹息，“白溯……祝你快乐。”

这句话听起来有些奇怪，有些拗口。

可我真是这样想的。我希望他这一生都能真诚善良有目标，希望他生活中的每一天都有新的希望，希望他能活得如己所愿一般快乐。

“谢谢。”白溯低沉和缓的声音落到我的耳畔，化开一片悠悠的暖阳，“你也是。”

一直以来，他都想要以一种比老白更宽容的方式来包容我的任性，而我却企图以朋友的身份来缓和他和父亲之间的矛盾。可是到头来，我们都只是在以同样笨拙的方式，为对方的青春添加注脚。

我们以同样的方式想挣脱束缚却也畏惧着未来，不知道未来会变成什么样子。

但哪怕人的天性便是对未知的东西充满恐惧，我们依旧要义无反顾地走下去。

毕竟正是因为不知道结局，才有了对未来的期待希冀，与无比乐观地积极地去努力的理由。

所以白溯，祝你快乐。

祝我也是。

长安曾有少年郎

于我虽一眼惊鸿，于你却似指尖清风。

纸楼

何人

夕阳沉在远山尖上，染得浮云皆成金。

江若星双手一捏一压，顿时折出个活灵活现的纸人儿。那纸人儿约莫巴掌大小，着一件素白色纸袍子，一只手还握着柄逼真的纸剑。她捏着纸人出神了许久，半晌才立起身来，将纸人搁在身后的多宝阁上。

与纸人一起立着的，还有纸扎的屋宇楼阁水池花榭，良田果林走兽飞禽。乍一望去，倒仿佛一座纸做的城。

江若星自抽屉中取出把剪子来，绕过自己垂下的发丝剪下一根。而后又从怀中摸出个绣包来，自里头取出一根乌黑的发丝，与自己先前剪下的青丝并在一起，一同搁入燃着火苗的烛台。

青丝一遇火苗即刻枯萎，空气中满是焦灼的味道，连带着多宝阁上纸扎的城楼亦晃荡模糊起来。江若星痴痴望着，一双漆黑的眸子仿若星辰渐渐亮起。

“段雪臣，纸楼里除了你我再无他人，没有人能再打扰我们。”江若星的眼皮缓缓合上，脸上的笑意却越发浓郁，“你再也无法离开我了。”

天幕低垂，江若星孤身躺在酒楼前，被一记炸裂的雷声震醒。几乎是睁开眼的同时，豆大的雨点也噼啪打在她的脸上身上。雨势渐大，她不得不立马起身躲避，好在没有人比她更熟悉这里。

这里的一砖一瓦，一田一舍，皆是由她亲手折出。没有人比她更清楚这里，怕他会孤单，因此她折下酒楼戏院；怕他还是不习惯，连楼宇街道都是按照他从前的居处叠放。她还折下数百个纸人儿给他做伴，他们虽是纸人，却皆与寻常人无异。

这里的一切都仿照着外头的世界，唯一的不同，便是纸人虽似真人，却到底不是真人。他们能哭能笑，能吃能喝，却唯独没有真心，学不会爱恨。江若星倚着酒楼窗台，看四野夏雨阵阵，暗暗想着。

她低下头，寻见了飞奔着避雨的王麻子，也寻见了屋檐下蹙着眉的李大娘，一时却还寻不见那个最熟悉的人。好在她一点儿也不着急，她为他一个人，折下一座城，他们有的是余生慢慢熬。

“姑娘，窗边雨大，何不里屋坐？”一个清朗的声音突然响在身后，江若星给吓了一跳，猛地回过头来，正对上一双幽深的眼。跟前这人一袭白玉兰色衣衫，腰佩长剑，五官深邃而精致，瞧着却是面生得紧。她记得，段雪臣也有这样一件白玉兰色的袍子。

那人见江若星愣愣不吭声，勾唇笑道：“你有心事？”他的目光柔和却直刺人心，充满了试探性。江若星一时给这目光逼得窘迫不已，仿佛唯一的那点心事都将被其看穿，只觉恼怒非常。随即转念想到，与她说话的不过是个纸人罢了，她又何必放在心上？

一念至此，江若星立时反唇讥道：“我有没有心事，又与你何干？”她眼见着对方一怔，心下一阵快意，这里的人皆空有纸扎的皮囊，没有心肝，粗暴无礼又何妨。她冷眼望着跟前人，下一瞬已凶神恶煞般脱口而出：“我警告你！若再敢靠近我十步内，信不信姑奶奶放火烧了你！”

纸是最不禁烧的，她当然不会真的烧死这些弱不禁风的纸人儿，只不过吓唬吓唬罢了。往日里她连说话都不敢大声，生怕得罪了谁，如今实在快活。果然，那人闻听此言，一脸错愕复杂的表情，不可思议地瞪了她几眼，随即不作声离去。望着他远去的背影，江若星忍不住哧哧发笑。

这是她一手创下的地方，半年里她折下大街小巷，亭台楼阁，牛羊鸡狗，以及数百个纸人。虽皆是照着外头的世界仿制，可具体会仿出哪些人来，却是连她自己也说不真切。毕竟是偷学的巫法，怎顾全得了方方面面。而她只要保证段雪臣会随她来到这里，从此只能与她共此生，其他的又理它做甚？

江若星从袖内掏出张薄薄的纸来，一拉一提，便捏出个元宝的样子。待她将之递给酒楼的店小二时，纸元宝已变作闪闪发光的银元宝。

江若星睡在她给自己捏的高大府邸里，一夜到天明。她想吃什么想要什么，皆只用折一方纸，一按一扯，得来全不费工夫。

她给自己折了最华贵衬人的衣裙，雇来四个轿夫抬着新折的软轿，摇摇晃晃出了街。远远地便望见了段雪臣的背影，他青色的衣角迎风鼓荡，遥望真如仙人一般。她一颗心早已飞入段府，总算是见着他了，却反倒不知道该说些什么。

她不知该怎样开口告知，是她从他枕畔上偷走了他的头发，将他强行带至这个纸折的世界。这里哪怕一切与外头并无二致，却再也不会有人像她一样对他动真心了。她是自私企图独占，可喜欢一个人难道错了吗？

江若星深深凝望着跟前这个青衣执剑

的人，沉思许久，最后说出口的却只是一句："你都好吗？"

段雪臣转过身，看清来人，一脸的不置可否。待目光一挪，瞥见她身后气派的软轿时，突然冷笑着上前。江若星给他温热的鼻息逼得连退了两步，一颗心刹那间震天撼地。

"看来你的日子是过得越发好了。"段雪臣目光冰冷，口中不尽揶揄。江若星听得别扭，却丝毫不敢表现出不满来，只低头默不作声。

他还是一点也没变，半年未见了，对她的厌恶却一如从前。

"雪臣，对不起，是我太自私了带你来到……"江若星的话还未说完，段雪臣已不耐烦地打断道："以后我过我的，你过你的，我不想再看到你。"他看也未看她，说完这话便背过身去。

江若星一怔，许久才苦笑着反应过来。看来他还并未察觉到不妥，他还并未发现自己的周遭已与从前不同。也对，她苦心孤诣了大半年，一时半刻间他又怎会发现有什么不同？她可以等，等他终有一日发现没有人比她更真心，发现只有她才与他是同类。

这样想着，江若星心下释然，总算抬起头来。段雪臣已经走远，而段府门口正立着一人，却恰是昨日酒楼里被她呵斥走的男子。他与段雪臣看似异常相熟，二人并肩朝府里走去，也不知是有意还是无意，男子走前还侧身望了她一眼。

那一眼，有好奇，有错愕，更多的却是复杂莫名。

那一晚，江若星在新折的楠木床上辗转反侧，直到天亮也无法入眠。她合上眼，一点一点想起与段雪臣的故事，仿佛还如昨日，可睁眼的瞬间，一切又都化作梦幻泡影。

她打小擅折纸，十四岁那年爹爹病重，而她在此时求来份活儿。是富贾段老爷大寿，她只用折上一百个寿字，便可领到丰厚赏钱。只要有了钱，爹爹的病便还有希望。

她日夜赶工，花了一个月，总算是折出了大大小小一百个寿字，红纸将她的手指都染上了颜色。可谁知，也正在此时段府传来消息，段老爷已订下一批江南绣女，为他绣上一百张寿图。折纸太过寒酸，他想了想到底还是上不得台面。

她哭得喉咙都哑了，孤身跪在段府门前不住地磕头。富人花钱寻乐，穷人拿钱续命。她的额头渗出鲜血，哀求声越来越轻。段府的人放狗吓她，拿棍棒撵她，她却倔强地咬紧了牙关。

她渐渐绝望了，原来真的没有人会同情她，她哪怕死了也无人上心。也正在此时，段府少爷段雪臣自外归来，见她可怜，唤人递给她一碗温热的白粥。他静静听她上气不接下气地哭诉，末了自腰间取下钱袋，数都未数便整个儿给了她。

犹记那日他虽也不苟言笑，目光里却透出丝丝暖意来，也正是那一星半点的温暖，支撑了她这许多许多年。如水中月，镜中花，越是不可靠近，越是令人心生牵挂。

次日天亮，江若星折下几盏精致糕点，再度前往段府。

段雪臣出门未归，远远望去，院内只立着一抹白玉兰色。江若星搁下手中食盒，冲那人遥喊道："待雪臣回来时，替我告知他一声。"

那人微笑着点了点头，目光温和，负手而立在段府的柳树下。果然是纸人儿，若换了常人曾被她那样凶过，又怎还笑得出来？江若星眼波一转，正待转身离去，却听见咣当一声巨响，自己先前搁下的食盒已被重重打翻在地，里头的糕点正咕噜噜和着尘泥打转。

段雪臣不知何时归来，眼光冷冷扫过江若星，许久只吐出一个字："滚。"

江若星顾不得难过，强作欢颜道："你想要什么，我都可以给你。"她终于不是那个穷丫头了，如今他想要什么，她都可以折给他。她的自尊已随着糕点一并被踩入尘土里，只是羞愧到极致时，心底又偏生出几许希望来。他也曾对她露出过短暂的笑意，他的心也曾有片刻只住过她一个人。

她知道他心底里恨她，可即使这样，她还是抑制不住地喜欢他。他有多讨厌她，她就有多宝贝他。

"那你把这个吃下去，我就告诉你我想要什么。"段雪臣指了指脚边沾着污物的糕点，笑容邪气而玩味。江若星一怔，望着他不在乎的神情，胸腔内尖锐地疼起来。"怎么，你自己做的东西，莫非有毒？"段雪臣收起笑意，冷然道。

江若星弯下腰，捡起脚边的一块绿豆糕来。绿豆糕沾上了尘土，好不污秽。她瞧着迟疑，双手一时僵住不动。她瞧见段雪臣的轻视，亦听见远处那人的出声阻拦，下一瞬她已将整块绿豆糕塞入口中。

泥土腥气逼人作呕，江若星忍住恶心，一口咽了下去。由于咽得急，小脸霎时给涨得通红，发出急促的咳嗽声。待缓过气来，她抬头望向段雪臣，轻声道："我吃了，说吧，你究竟想要什么？"她的模样凄凉而酸楚，可即便是这样，段雪臣的目光仍未暖上半分。

"我想要你滚，你也能为我做到吗？"他半带揶揄半含笑道。

远处那人已看不下去，大步走来一把拉开段雪臣，寒声道："何必这样过分。"段雪臣却是挣开他，满脸的木然。

江若星只觉眼眶一烫，泪水已滴滴答答落了下来。她也不知自己这般自贱究竟是为了什么，可她还有什么办法？她喜欢一个人喜欢到了骨子里，喜欢到弄丢了自己，她还能有什么办法？

她走近一步，强忍住哭腔颤声道："除了这个，我什么都可以为你做到。"说完这话，她再无勇气看他的眼睛，转过身快步逃离，只觉再多停留一刻，心便在炼狱里多煎熬一分。

也不知跑出多远，她造的纸城并不大，稍远一些便又绕了回来。从前段雪臣即便再厌恶她，却也不会这般铁石心肠，江若星越想越是压抑，在街角放声哭了出来。旁人给她递来方素帕，她泪眼蒙眬地抬起头，这个旁人原来是那人。

“雪臣今日实在过分，你又何必太过执着。”他一袭白玉兰色，整个人都如纸片般苍白飘逸。江若星瞥他一眼，心底虽闷得难受，口中却仍道：“不关你的事。”

她已丢人丢得够呛，又何必在乎这颜面？好在对方不过是个纸人儿，在他跟前丢人出丑又何妨。江若星想通此点，于是挂着半边鼻涕儿仰起头来，抽抽噎噎道：“对了，你还有帕子吗？”

那人一怔，随即哭笑不得道：“那你还放火烧我吗？”

江若星闻言破涕为笑，心头的阴霾总算是淡去一些。

那人全名楼掷玉，与段雪臣是故交，只是这些年随着父亲辗转他乡做生意，碰巧几日前刚回来。

“我听雪臣提到过你。”楼掷玉望了她一眼，许久方柔声道。

江若星却未闻言开怀，而是目光暗淡，低低道：“他讨厌极了我，恨不得永远摆脱我对吗？”

楼掷玉料不到她如此直白，一时反倒不知说些什么，只是沉默不言。

江若星以背抵墙，痴痴说起过往匆匆。此时此刻，她已完全视楼掷玉为交心知己，恨不能诉尽平生恨意。因为他是纸人儿，偏巧又熟悉段雪臣，因此她絮絮叨叨没完没了。

她不会忘记那碗热粥，更无法忘记的是那一刻他若冰雪消融的目光，只一眼，便足够换她这一生不回头。五年来，青山也变，碧海也变，偏她一颗心被万般作践依旧死不了。

她的心那样小，小到连他看别的女子一眼，她都寝食难安患得患失。她日日跟着他，仿若一个最磨人的吊死鬼，可越是这样，他便好像越是讨厌她。她彻夜为他折纸人，折的皆是他的模样，他却直接丢进火盆。而当她闻知段老爷为他说下一门亲事，娶的是贾员外的女儿时，便装着大肚便便的样子，大白日里哭晕在贾府门口。

她哭得那样撕心裂肺，围观的人当了真。而当她装作无意晕倒而压破腹间的羊血袋，鲜血染红裙摆时，这出戏便真正动了人。

她原本只想搅黄他的亲事，却不想府内窥见一切的贾府千金当真以为段雪臣奸淫无道，竟刚烈到悬梁自尽！自那之后，段雪臣瞧她的目光便如要生吞活剥一般。她不惜自毁名节，豁出自尊，换来的只有他无穷的恨意了。

“我知道，我自私，我占有欲强，我就是见不得他同别的女子说半句话，哪怕看一眼也不行。”江若星目光复杂，“可是喜欢一个人，难道错了吗？”

楼掷玉始终静静听着，许久许久，方出声道：“喜欢一个人没有错，所以段雪臣与贾府千金虽只见过一面，却是真心相爱。”

他的声音温和而平静，江若星却是听得浑身一哆嗦。原来……原来是这样啊，怪不得贾府千金轻易要寻死，怪不得从此段雪臣恨极了她。

在她看不到的地方，他的泪水也曾一次一次盈了眶。他也曾满心欢喜盼成亲，盼来的却是斯人怀恨去，满街人戳着他脊梁骨骂他负心。他那样恨，恨她撒谎恨她逼人太甚，他简直恨不得她死。

“喜欢一个人本无错，错只错在，你逼着他也同样喜欢你，甚至逼死了他喜欢的人。”楼掷玉叹一口气，缓缓说道。他的心里也是复杂难言，望着已然泣不成声的江若星，他的心又何尝不是万般煎熬？

第一次见她，她那般沉静那般美，美得他的心竟仿若坠入云间，飘飘荡荡。哪怕她瞬间变脸，刁蛮泼辣。

第二次见她，远远可见她温顺模样，她原来也会那样温柔地说话，目光那样干净绵软。

今日见她，她卑微到了尘埃里，段雪臣那样相逼，而她那样隐忍。看着她的泪水，他的心也渐生迷茫。喜欢没有谁对谁错，他能够理解段雪臣，却同样怜惜她的执着。只怪月老搭错了线，只怪老天捉弄了人！

熙熙攘攘的人流中，江若星低声抽泣，楼掷玉表情复杂地立于一旁。只是这二人太过专注于心事，都未注意到不远处的街心，几个路人突然噗地化为纸人，瞬间被风绞为纸片飞满了天。

连着过了好些日子，江若星皆未去寻段雪臣，而是将自己闷在府邸里。也不知为何，府里的东西竟会无缘无故失踪。最先消失的是她的象牙梳，如何也寻不见，无奈她只好再折上一把。可是紧接着，她洗浴用的木盆，进餐用的玉筷，甚至衣柜里的衣裳都无故消失了。她的心突突地跳，直觉告诉她恐怕巫术出问题了。

一年前，她偶得江湖奇书，自学了折纸成真的巫术。书上说，若折下一个全新的世界，那进入的方法，便是焚烧一根自己的头发。因此，她偷偷潜入段府，自段雪臣枕边偷取了他一根落发，混着自己的置入烛台。书上还说，纸上富贵得来浅，镜花水月如烟散。书上说得并不细致，提到关于离开的，只有“由哪里来，回哪里去”八个字。不过从前的她铁了心，发誓一旦入内便永不回头，因此也并未在意书中的含糊不清。

几日里楼掷玉皆会前来探视，他性子温和，说话解闷倒也不错。有时候江若星会忍不住想，可惜他是个纸人儿，一遇火便焦的纸片人儿，否则二人真的能成为平生知己。他看她的目光那样温暖，像一捧融人的日光，他总是听她无穷无尽地絮叨，像永不会厌烦。

他是没有心的，你可切莫当真。江若星对自己说道。

“楼大哥，你能将这封信转递给雪臣吗？他肯定不愿看，求你逼着他看。”江若星低低哀求道。楼掷玉接过信，虽心里别扭，却并未表现出来。

“从前我并不知……不知他爱慕贾府千金，如今只要他愿意，要我以死赔罪都可以。我只求他莫再困着自己了，这几年里他过得一点也不开心，我都知道……”江若星说着说着，眼底便泛出了泪光。楼掷玉慌了神，连忙将信藏入怀间，不忍见她再次崩溃。

其实这几日里说也奇怪，段雪臣不再像之前那样与他亲密无间，而是客气礼貌，却总觉得像隔着些什么。楼掷玉未说出口的是，他曾亲眼看见桌上的饭菜刹那纸化，下一瞬粉碎无踪。他怀疑是自己瞧花了眼，可那情景实在太过逼真，如何也作假不了。只是江若星的情绪起起伏伏，而段雪臣又与自己渐渐疏离，他也只好将疑惑咽进肚里。

“算了，即使你逼着他看，他也未必会看。”江若星神情一黯道。她心里不是不清楚，段雪臣怎么可能原谅她呢？他或许早后悔得要死，后悔当初为何多管闲事，拉她出苦海？如果时光能倒退，他恐怕宁愿眼睁睁见她跪死在跟前也不愿出手。

那年动了同情心的他又怎会猜到，自己惹上的是一生一世的孽。她爱他爱到痴狂，甚至不惜折下一个全新的世界去囚禁他，不惜为他陷入万劫不复。

“你带我去见他吧。”江若星望着楼掷玉，轻声道。

一路风尘，段府里的柳树被风压弯了腰。

楼掷玉推开门，却不想正遇上眼前的柳树噗地化为纸树，下一瞬消失无踪！他满脸错愕，迟迟反应不及。身后的江若星也同时看见了，却只作未闻，径直踏入段府。

段雪臣独坐院中，静静望着他俩一前一后行来。他面容平静，目光不辨喜怒，只是死死盯着楼掷玉。

“我拿你当兄弟，你大老远回来盘缠不够。我便让你穿我的衣裳睡我的床，吃住都在府上，到头来你却自甘堕落，与这贱人为伍。”他目光平和，说出的却是最扎人的话。

楼掷玉神情一僵，一时并未接话。在他的记忆里，段雪臣是绝不会对他说出这样的话的，他即便对其他人皆冰冷漠然，对他却从来肝胆相照。这几年他漂泊在外，回来时孑然一身，可段雪臣非但未视他若陌路，反倒将他接来段府，吃穿用度皆与自己一般。

这样的兄弟情谊，原来就这般轻浅吗？

“你恨我一人便够了，又何必再牵扯他人。”江若星上前一步，心痛如割，“你不是要我滚吗？我以后再不纠缠你，你可会好过些？”她真的想不出办法了，她低声下气过，苦苦哀求过，还有什么可打消段雪臣的恨意呢？

她的心，五年里全都给了一个人。她喜欢他到了骨子里，连梦境亦不得自由。只是这一切到头来，却原来只带给他无尽的苦痛。他痛一分，她便疼上十分，最后所有的针纷纷扎回她心上。

“可是我现在改变主意了。”段雪臣猛然立了起来，大步朝江若星走来。江若星的心蓦地一震，不可思议地望着他，刹那间竟恍若隔世。他说他改变主意了？那么长相互折磨的光阴里，他是否也曾动过半分的真心，为着这半分真心，也会心疼她的去留？

她眼见着段雪臣走至跟前，眼见着

他狠狠捏住她的下颚，一字一句咬牙切齿道:“可是我现在改变主意了。我不要你滚，我只要你死。”

江若星的心渐渐下沉，咚的一声，仿若掉入三九天成冰的水潭里。与此同时，在她看不见的地方，成片屋宇楼阁坍塌，刹那化为纸片灰飞烟灭。

金色的火苗仿若夕阳，正扑簌颤抖着。

段雪臣自里屋取了烛台来，端着烛台走至跟前，面色疯狂狰狞。

江若星心底疑惑，不明白他拿着烛台是要做什么。还未等她想明白，段雪臣已先一步给出答案。他大笑着将烛台狠狠向她掷来，那跳动的火苗眼见着便要碰着她了。也几乎是在同时，江若星被人大力推开，一个踉跄跌了出去。

楼掷玉挡下了那燃烧着的烛台。

江若星脑子瞬间空白，下意识尖叫出声。她不敢去想，楼掷玉这样一个纸人儿，遇见了火会有怎样的下场。她甚至不敢去看，眼前会是怎样的画面。他会不会也像那消失的梳子，那纸折的柳树一样，睁开眼便消失无踪？她突然那样害怕，害怕即将面对的一切。

有人将哆嗦的她扯入怀抱，轻拍她背脊，胸怀那样温暖。

江若星缓缓睁开眼，最先看到的是不远处一脸诧异的段雪臣，其次是怀抱着自己的楼掷玉。楼掷玉的衣衫上有少许焦黄，混杂着刺鼻的焦味儿，好在人却无碍。他一边抱着她，一边沉声安慰：“不碍事，一个烛台而已，都过去了。”

他并没有变回纸人，也没有一点就着，而是安安稳稳地在安慰她。江若星周身一颤，心下刹那想明白了一切。

楼掷玉不是纸人，他是同她一样，有血有肉的人！

原来……段雪臣才是纸片人。不然，他不会挥舞着烛台抛来，因为对于纸人而言，火便是死。不然，他不会这般羞辱作践于她。只因他是没有心的，所以任她如何卑下，他只用模仿着真实世界自己的原型，从一而终地讨厌她即可。纸扎世界里的每个纸人，都是外界的复制品，只用像外界一样，不用问对错因果。

而她费尽周章自段雪臣枕边偷来的落发，竟是其他人的！她盘算了那么久，却没有算到那一日楼掷玉自他乡归来，段雪臣为证明彼此始终是兄弟，会自己去睡客房，将房间留给楼掷玉。阴差阳错间，她带着另一个人共同奔赴这个纸扎的世界。

怪不得，怪不得楼掷玉望着她的目光会是那样复杂难言，怪不得他对她有太多次的欲言又止。因为他不是纸人啊，他也有自己的爱恨自己的愁肠。

江若星不禁想笑，笑自己这几日里神魂颠倒不疯魔不成活的，竟是为一个自己折的纸片人。笑着笑着她又想哭，这一切是否冥冥中早有注定，她与段雪臣原本便不是一个世界的人，一直以来都是她自作多情，自酿苦果。

她目光游离，整个人仿若被抽去了魂魄，无论楼掷玉怎样呼喊依旧回不过神来，直到整座段府开始微微摇晃。

段雪臣的脸色最先变了，只愣上片刻，便立马丢下他二人飞步逃远。楼掷玉意识到不对，见江若星还是面色痴迷，想也不想便弯腰一把背起她，亦朝着大门飞奔而去。江若星起先还浑浑噩噩，待出了段府，这才一个激灵回过神来。

原本热闹的街道上此刻已空无一人，街旁的戏院茶楼赌坊通通消失不见，目之所及一片荒凉。楼掷玉抬起头，头顶低飞的麻雀瞬间成了纸雀，而身后恢宏的段府，刹那间竟化作纸楼！

他转头望向江若星，江若星同样一脸不可思议。她怔怔地望着眼前的惊天巨变，突然着了魔般，慌乱地伸手入怀掏出几张纸来，忙不迭地折着什么。她的模样是从未有过的惊惶，双手颤抖不止。不知是否太过心急，折到一半纸便被扯出一个口子来，她不甘心，掏纸再折，却依旧如此。

“纸上富贵得来浅，镜花水月如烟散。”她自言自语道，渐渐停下折纸的手。

一切都是纸上的富贵，纸上的情深，到头来终归要回到纸上去。这一切打从开始便是错的，她错在竟以为凭一己之力，便可永生囚禁他人，错在因爱生忧，因忧生怖。逆天地而行，最后终究要遭报应。

只是楼掷玉却是无辜的啊，是她偷错了头发，误打误撞连累了他！他是那样善良的一个人，怎可陪她遭了报应？江若星猛睁开眼，一把拽住楼掷玉开始没命地奔跑。楼掷玉一愣，正要问她究竟怎么了，话还未问出口，身后的青石路已纷纷化作了纸。

他心下一沉，只觉这一切都仿若梦中。倘若不是在梦中，又怎会这般荒谬！

江若星拉着他快步奔跑，他们身后的街道、楼宇纷纷化作纸片，下一刻被疾风绞得粉碎。天空昏暗如夜，四野风大若鬼哭。茫茫间，天地中仿佛只剩他们两人。

她这一生已然错了，错得彻底，既误了无辜性命，又害了两颗痴心。荒唐至今，断不能再牵上他人一条性命。她知道，再不离开这里，自己与楼掷玉的下场必然也是纸化，会与这个纸扎的世界一起消失在人世间，就似从未出现过一般。

可是，她该怎样带他离开呢？那本书上只说由哪里来，回哪里去，而他们又是由哪里来的呢？她急得不行，不觉间脱口问道：“我是从哪来的，你是从哪第一次见到我的？”

楼掷玉一边跑，一边喘气道：“你是说酒楼吗？”

江若星的眼睛突然一亮，继而光芒闪闪。对了，她记得，第一次见楼掷玉，是在酒楼里。而电闪雷鸣间，她睁开眼时也是躺在酒楼前。

酒楼便是外界的入口处，亦是这个世界唯一的出口！

劲风呼啸，天地一色。

江若星拉着楼掷玉一路奔来，而他们身后的世界已化作一片灰白。放眼望去，方圆百里间竟只剩一座酒楼尚未化纸。

江若星来不及解释，楼掷玉心底却多少明白了什么。这周遭一切纷纷化作白纸，再多待一分，只怕自己也将变成个纸人儿。眼下只有那座酒楼完好无损，只要躲进去，一切便还有救。

这一切变故发生得太快，快到以至于他都未来得及思索，只知紧紧抓住江若星的手。她的手那样柔软，他握住了便再不想放开。他已看开了一切，她的孤苦无助，她的委屈忍耐，她的进退两难，无论她是怎样糟糕的一个人，在他心里她都犹有珍贵之处。

这性命攸关时刻，他却只想与她同生共死。

却不料，就在离酒楼仅一步之遥的时候，江若星突然猛地挣开楼掷玉，反手将他狠狠推入楼中！

楼掷玉一怔，回过神来便要回头拉她，怎知酒楼竟似有无穷吸力，任他如何使力也挣不脱！他费尽全身力道，却无奈离门越发遥远，身子一点一点被吸入酒楼深处。

“若星！快进来！快啊！”他喊得声嘶力竭，江若星却是一动不动地立在酒楼门口，如何也不进来。他的心几乎跃出了胸腔，眼睁睁看着江若星渐渐被她身后的灰白吞噬，看着酒楼外的世界轰然崩塌。

最后的目光，是她温柔绵软的笑意。

“对不起，我本不该带你来到这里，再见了，楼大哥。”江若星轻轻道。她的笑容是从未有过的清甜，目光闪亮若星。

对不起，这是我一个人种下的恶，只该由我自己来承担。我已是回不了头了，打从来到这里，我便没想过要出去。

段雪臣恨极了我，而我却爱苦了他。回到外头，我依旧放不下对他的心，可我只要活着，他便永世无法解脱。看到我，他会想起那噩梦般的曾经，而看不到他，我每一日都如在地狱。

唯一的办法，便是我永远留在这里。我也化作纸人，陪着纸做的段雪臣，共赴无尽灰白。从此他中有我，我中有他。

我就是这样自私的一个人，他再也无法离开我了。

江若星带着欢愉的笑意张开双臂，噗地化作一个美丽的纸人儿，葬身清风。

春去春来，花谢花开。一年复一年，白了少年头，空悲切。

多少年后，楼掷玉独倚酒楼，都会记起曾在这里遇见的一个女子。她临窗而立，山雨欲来风满楼。

多少年前，他独自在酒楼中醒来，恍若大梦一场。连他自己都无法确信，一切是否皆是酒后幻影。直到他一摸怀间，掉出一纸信笺。

那是江若星曾央求他带给段雪臣的信。

他没忍住好奇，擅自拆开了，却在看完后痛哭失声。原来江若星打一开始便决意以死换取段雪臣的原谅，那封信其实是写给他的。

她以为他是纸人，因此写下前因后果，告诫他永远不可碰火，水也最好别碰。信的最后，她说真可惜他是纸扎人，真可惜他们相逢错了时机，否则或可成为一生知己。

写信时的她并不知道，多少个日日夜夜的倾诉，她对着的并非纸人，而是个实实在在有血有肉的人啊。

她将自己永远留在了另一个世界，却将一世的牵挂留给了他。

顶在喉头的血被他咽了回去，只有他自己知道，如今发生的一切，是他属意于心的结局。

堂前霜

✿厌 准

1

圆月中天，藏风阁灯火通明。苏遣来到此处时，瞧见烛灯连绵如昼，心里觉得奇怪。

藏风阁是江湖第一阁，其层层勾连的谍网，令宗派生畏。原本大家各自相安无事，然一月前，藏风阁易主，这新阁主便依靠着谍网搅扰得各处难安。

江湖各派皆以端澜山庄为门派之首，不得已求助山庄，共商对策。

苏遣之父为山庄之主，着人各方打听，得知新任阁主身中剧毒，每逢十五便会毒发的消息。而中元节是藏风阁防守最为薄弱之时。

是故中元节这日，苏遣便来了。他想瞧瞧这内里有什么门道，若是时机成熟，一刀除了那祸患也未尝不可。

只是他自诩武艺精湛，还未等摸进那阁主休憩之处，就迎面撞上一个小姑娘。

苏遣眉心一蹙，静静看了一会儿。岂知眼前这姑娘有些呆傻，愣愣地瞧了他许久，才轻轻地皱起眉头。

他登时歇了杀她的心思，刚欲收剑，阁下传来了吵嚷声。

面前的女子突地上前伸手捂住了他的嘴，快速低语道："你是来杀阁主的是不是？你被骗了，阁主是故意打着幌子诓骗你们的。"她似乎胆子格外大，不惧他半分，"我可以带你离开，你不要出声。"

似是怕苏遣不信，她又道："若我骗你，你杀了我便是。"

苏遣不知自己着了什么魔，看着她干

净认真的眸子，不着痕迹地点了点头。

姑娘松了口气，将手移开，拽着他的衣袖，匆匆将他带进一条漆黑的甬道。

直至走到藏风阁后门，这里人迹罕至，僻静之极，那姑娘才松了手。

苏遣就着不远处的灯火，仔细瞧了瞧这行径可疑的女子——面皮儿细白，红裙锁腰，是一等一的美人儿。

“你是藏风阁的人，为何还要救我？”

“不是。”她反驳，“我是被卖进来的。”

这姑娘当真纯良，漂亮的凤眼里尽是没遮没拦的干净。

苏遣蓦地便不想过分试探。

他微微躬身行了一礼，道：“谢姑娘救命之恩，敢问姑娘姓名。”

“不必如此，”她别开脸，“我知道阁里有孽债，可是不能再有人留在这了。”

苏遣以为她不便告知姓名，谁知她指指脑袋，说：“我不知道我叫什么名字……很多事，都不记得了。”

他一顿，眼神中亦不自觉带了几分怜惜，“是我唐突了。”

她从袖中拿出一块玉牌，说：“我只有这个。”

玉牌粗陋，经人反复摩挲，甚是光滑。

那上头，雕了菩萨的像。

“叫你阿菩如何？”苏遣定定地看着她，“姑娘心善，像这菩萨。”

她的眼睛亮了亮，反复念了几遍，末了，笑着应道：“我喜欢这个名字。”

阁内人声又起，阿菩说：“你快些走吧。”

苏遣被她推着，只能匆促回头看看她。

待出了这地界，望着不远处的阁楼，苏遣低低叹了口气。

“有缘再见，阿菩。”

2

阿菩蘸着水在桌上书了三遍“阿菩”后，朝廷的人方姗姗来迟。

足至月上柳梢，这群人也未表示出有几分合作的诚心，倒是那为首之人，对着阿菩说了一句：“藏风阁一封情报价值千金，既是阁主与本王合作，本王也该拿出诚意才是。”

阿菩微微颔首，招呼小厮送客时，却听那人又道：“我有一故交，眉眼间，与阁主有几分相似。”

他说这话时，意味深长，唇边微挑，似有讽意。

阿菩有些恍神，她看了几眼面前的人，想了又想，仍是一片空白。

她只模糊记得一个人影，和方才桌上那随水渍一并消失不见的“阿菩”二字。

茶楼清静，阿菩等那一行人走了，起身离开，回阁复命。只是不承想，她一出门，便有人盯上了她。阿菩余光去瞧，那人身形颀长，腰衔环珮。不知是谁家的公子，竟做起了鬼祟之事。

待走进长街，阿菩突地听到身后唤了一声：“阿菩！”

长街寂静，这突兀的一声尤显清晰。

她随即缓缓转过身子，瞧着身后神色满是探究的人，问道：“公子可是叫我？”

苏遣一怔——她的身形与声音皆同阿菩相似，甚至眼睛都像极了……然这张脸，却不是她。

他愣了许久，又听那女子出声叫他："公子？"

"抱歉，"苏遣扯起嘴角笑了笑，只当自己是一时糊涂，"是我认错了人。"

眼前仿佛隔了层雾，阿菩记忆里那个模糊的影子渐渐套在了眼前人的身上，让她不由道："我认得公子。"

她敲了敲额头，试图让自己清醒些，而后眉眼清明，道："端澜山庄少主，久仰。"

苏遣觉得自己昏了头，再瞧她时，只见女子盈盈一笑，她单薄的身子似乎倏然间孱弱了几分，"今日有幸，告辞。"

分明全然不是，然不知为何，苏遣看着她的背影，仍是觉得她像月前满月下，那纯真良善的人。

听得苏遣缓步离去的声音，阿菩这才捂住胸口。她望着天上的圆月，只觉呼吸之间都扯着翻江倒海的疼。

身后陡然传来一阵轻快的脚步声，刚才离开的人，不知怎么又回来了，递了一个药瓶放在阿菩眼前，道："不知姑娘什么病症，这药可疏解几分。"

阿菩抬眼看去，只攫到苏遣眼底柔和的月光。

"多谢公子。"她不敢再看，接过药瓶便径直走了。待走出十步之遥，她仿佛又听到背后遥遥唤的一声"阿菩"。

阿菩步行匆忙，回到阁中，推门而入时，室内冷风瑟瑟，陡然起了一盏烛火。

灯火如豆，照亮了坐在主位的人。

阿菩将今日之事如数上报，直至汇报完毕，才得了一颗压制毒素的解药。

她小心将手拢在袖中，握紧了苏遣给她的药瓶，忍着难挨的疼，轻轻笑了笑。

我连我自己都认不出，更遑论旁人。

3

苏遣再见阿菩，已是两月以后。

彼时他于檀安寺附近暗查朝廷耳目，查到半截儿，便听下属来报，有一门派卫队碰上了藏风阁的探子，正在追剿。

苏遣几不可察地皱了皱眉，猛然间一个念头极速闪过，他随即命下属回去，提剑去了。他果真看见了阿菩。

天淅淅沥沥下起了雨，密林深邃，有风穿林而过，冷得只往人骨头缝儿里钻。

阿菩咬着衣袖，扯下一块布条，将流血的手腕扎紧，而后捂着腰腹的伤口，静静听着声响。

零零散散的人声传了过来，阿菩眯了眯眼，正欲忍痛起身，却听一阵穿林声先她动作而至。

"阿菩，竟真的是你。"

苏遣的声音卷入耳中时，阿菩愣了一下。她愣愣地朝身侧看去，只见一张俊秀绮丽的脸，望向她的眸光，藏了欣喜。

瞧见阿菩面色苍白、浑身是伤，他蹙眉急促地问道："怎么伤得这么重？"

阿菩想了想，零星的记忆拼凑起来过分艰难，她不免有些困惑："你是谁？"

短短三个字，叫苏遣怔在原地。

"你……"他像被打了一巴掌，嗓音一时干涩，"你不认得我？"

阿菩看着他这副样子，不明白心口为何骤然不适，她想解释："我不记得……"

“现在不是说这些的时候。”苏遣看了看她，抿了抿嘴，轻道一声“得罪了”，便将她抱起，动身朝檀安寺的方向前去。

阿菩被他抱在怀里，想也不想道：“你放我下来，他们与藏风阁对立，这与你无关，若因我将你牵连进去……”

还没等她说完，苏遣便打断了：“别出声。”

他的轻功极好，阿菩合了眼，听到阵阵风声自耳畔划过，竟由着脑袋昏沉了过去。

阿菩醒来时，已被安置在一处破旧的房子里。身上的伤口已经简单地处理，只是她受了伤又着了凉，身子软绵绵的没什么力气。

她睁开眼，看见了在一旁侍弄火堆的苏遣。

火光映着他的脸，照得他格外清晰。

“你醒了？”

阿菩点点头，想问些什么，却听他道：“我是苏遣，两月前中元节，你带我离开了藏风阁。”

他的陈词言简意赅，脸上的神情却认真极了。

阿菩慢吞吞道：“我中了毒，丢了些记忆。”她却不说，为何独独记得“阿菩”这个名字。

她打量着四周，又看了看门外，苏遣见状，道：“不会有人来这里找不痛快。”他顿了顿，问道，“出了什么事？”

原是阿菩奉命打探消息，岂料被人泄了密，叫人盯上了。她与阁中人四散逃走，落了单，便被追上了。

个中缘由，她没有细说，苏遣也不追问，只道：“此地偏僻，你的伤……还需要大夫。”

阿菩笑了笑：“苏公子，你走吧，不必照顾我。”她吐了口气，“藏风阁树敌太多，你今日救我已是犯了大忌。阿菩感谢苏公子的救命之恩，却不想连累你。”

苏遣抬眸，猝然开口：“我带你离开。”

阿菩神色怔忪，哑然失色：“什么？”

“离开藏风阁，我带你走，”他语速极快，言辞之间是他自己都不曾发觉的担忧，“你身上的毒，我找大夫帮你解。”

阿菩蜷了蜷手指，低头沉默许久，道：“公子请回吧，会有人来救我的。”

话及此，苏遣再无他话。

他伸手拽下腰间的玉佩，塞到她手里，“这玉佩给你，若有要事，随时来找我。”

阿菩看着他，第一次看清苏遣眼里，那眼神变换间，印出来的如此清晰的她。

先前心口的不适，也刹那间重了起来。

4

然不过两日，端澜山庄私藏宝藏一事在江湖上传得沸沸扬扬，引起了轩然大波。

苏遣已说不清瞧见多少其他门派的探子在外庄频频窥视。似乎一瞬间，从前那因藏风阁而起的和平骤然消失，宗派与苏氏摩擦不断，隐有对抗之势。

恰逢此时，阿菩竟来了。她拿着玉佩前来，似是为避风头，穿得衣衫褴褛，活像路边谁都能踹一脚的乞丐。

“阿菩？”苏遣怔然，想起来什么似的，眼睛亮了亮，“你的毒解了？”

她眼神清明，瞧他时同上次那茫然无知的模样并不相似。

“记得的，”阿菩避而不言，神色凝重，“我来找你，是有要事要告诉你。藏风阁得了消息，有门派暗通款曲，密谋合围端澜山庄。眼下只怕……要动手了。”

苏遣倏地抬眸：“你来这儿，只是为了告诉我这些？”

他这么看着她，突觉之前自己说要带她离开的话，荒唐极了。

百年前，苏氏便因其武功精绝、其门主广得贤名而于江湖颇有威望，远居其他门派之上。后来传承凋敝，山庄便没落了，直至苏遣这辈，才出了这复兴的势头。

如今他连这山庄都护不住，又护得了什么。苏遣看着阿菩的眼睛，竟将自己看得畏惧了，他侧过头，道：“路上凶险，我送你回去。”

未及阿菩开口，侍从匆匆来报，苏父外出途中，与人发生口角，气急攻心，命悬一线。

“我再三言明此时事态紧急，庄主何故外出？”

苏遣的额角青筋乍起，霎时便疾步出了门。阿菩看着他，握了握微抖的手，轻轻合上了眼。

待问清来龙去脉，苏遣方知，苏父竟仍做着那一团和气的美梦。

他知晓父亲是个什么性子，中庸无能，独断专行，偏喜欢以江湖第一门派自居，行粉饰太平之事。早前苏遣探知周围暗流涌动，四处布局，寻保全之路。岂知苏父竟被人三言两语激了出去，苏遣忙得焦头烂额，一时顾及不周，出了如此差错。

他安排妥帖后已至傍晚，回到院中时，阿菩还在原处。“你没走？”

她点点头，站了许久，浑身僵硬极了。

“他们心存畏惧，就算得知我父亲病重，也不会狂妄行事，”苏遣亦说不清楚这番话是在敷衍阿菩，还是安慰自己，只自顾自又道，“藏风阁规矩森严，日后……你还是不要冒险前来了。”

“还有一事。”

苏遣一顿，抬眼看她：“何事？”

“我探听得知阁主有意与端澜山庄交好，此事是真是假尚不得知，但……”阿菩看他一眼，“藏风阁虽与端澜山庄有些龃龉，倘若联手，尚可维系一线生机。”

苏遣的脸色晦暗不明，阿菩思忖片刻，放低了声音：“藏风阁养着一批高手，此事旁人无从知晓，万事你自己决定。”

苏遣始终一语不发，默然良久，沉声问道：“若是你呢？”

“我？”阿菩不明所以。

“没什么，”他笑笑，“我会考虑的。”

5

果真如阿菩所言，藏风阁阁主欲与苏氏交好。请帖交到苏遣手上时，他忍不住笑了笑——藏风阁此等蝇营狗苟之辈，竟也好附庸风雅。

苏遣思虑良久，还是去了。

然当他去到那和谈之处，见是先前月圆之夜错认阿菩的那个茶楼，蹙起了眉头。

茶楼空旷，唯有零星几人。

苏遣上了楼，寻到顶楼雅位，瞧见那

儿坐着一个人，正手执杯盏，侧头自窗棂看着楼下人声鼎沸。

——是个女人。

待他看清女子面容，几不可察地微滞。

“苏少主，”女子莞尔，“别来无恙。”

那夜的女子便是深居简出的藏风阁阁主。

苏遣敛了眸光，端坐于其对面。不知怎么，他仿佛闻到了血腥味。

阿菩扯了扯衣裳，只字不提先前苏遣长街错认一事，将一张锦帛搁在他面前，道：“想必苏少主业已知晓端澜山庄之困，这是藏风阁查到的东西，阁下过目。”

是封藏宝图，将那宝藏所在之处，精确地绘在了距山庄三里之外的雕鹤山中。

苏遣看了一眼便置之不理，问：“端澜山庄与贵阁多年以来势同水火，却是不知，阁主为何要与我端澜山庄联合。”

“苏少主不还是应了我的邀约？”阿菩笑道，“近日朝廷动作颇多，我藏风阁处世艰难，自是要寻求帮手。”

她的眼睛极为漂亮，说这话时，如同藏了粼粼水波。

苏遣垂眸，淡声道：“在下想向阁主讨个人。”

“苏少主但说无妨。”

阿菩的声音一落下，便听他道：“她叫阿菩。”

阿菩眼睫微颤，再启唇时，仍是言笑晏晏：“听闻当日阿菩生死一线，是苏少主冒着与其他门派对立之险救了她。”阿菩言罢，端起茶，朝苏遣遥遥举杯，“以茶代酒，先干为敬。”

夜色茫茫，漏夜更深。

阿菩回藏风阁前便觉得有人在跟着她，待踏入房内落了锁，她抬头看着面前孱弱的男人。

“师父。”

“找到了？”

阿菩将一早画好的地图双手奉上。

他压了压眼梢儿，甩给她一个令牌，出口的话有几分意味深长：“我果真没有看错，不枉我将你从那死人堆里捡回来。”

阿菩低眉看着高楼下，那儿虚照出来个人影儿。她伸手捻去脸上覆着的面皮，拢在袖中的手，攥得生疼。

苏遣执意亲自到藏风阁接阿菩，看到她完好无损，这才松了口气。

“你的毒可解了？”这话里，有多少不可名状的在意，他自己都说不清。

阿菩没有回答，反倒道：“你不怕吗？”

“怕什么？”

“明修栈道，暗度陈仓。”

苏遣笑了：“我看起来这么蠢吗？”

知他是玩笑，阿菩抿唇不语。

他说：“有你在，我不畏惧分毫。”

阿菩不由呼吸一滞，张了张嘴，竟是一个字也说不出。许久，她想说些什么，又听他道：“宝藏一事是真的。”

苏遣低笑道：“可这宝藏，若留不住苏氏百年基业，要它又有何用。”

心口忽地起了疼，那丝丝缕缕的疼绞着心脏，将阿菩整个人都包了进去。

她瞧着苏遣的模样，出口皆是哑声。

她轻嗤一声：“百年基业。”

苏遣却道：“别怕，我会护住你的。”

6

苏父得知苏遣同藏风阁联合后便震怒，方才养好的身子险些又气坏了过去。

各大门派商量好了似的，轮番前来挑衅，接二连三生出事端。

山庄一再抵抗，苏父也以名门正派之名，日夜搅扰苏遣，逼迫他与藏风阁划清界限。

多番掣肘之下，苏遣不置一词，这短暂的沉默最终换得的是祠堂长跪的训诫。

他合着眼睛细算庄内庄外布局之时，漆黑沉重的大门被人轻轻扣了扣。

"苏公子，是我，阿菩。"

阿菩提了食盒过来，进来后，先是瞧了瞧堂内供奉的牌位，后又看了看跪在地上、面容苍白的苏遣。

苏遣看着她拎着裙裾蹑手蹑脚的模样，不由轻笑:"别怕，灵位而已，没有鬼。"

能将自个儿祖宗说成是鬼的，怕也就苏遣一人了。

"你怎么来了？"

"你受罚的消息传遍了，"阿菩蹲在他身侧，将食盒打开，拿出里头放着的一碗羹，递给他，"跪了三个时辰，定是饿了。"

见苏遣不接，她把那羹放了回去，转头定定地对着一个熟悉极了的名字瞧。

"父亲说，他呕心沥血几十载积累的好名声，都叫我败光了。"苏遣兀自说道，"岂知江湖如此，人心如此，时移世易，贪心不得。"

父亲身子一日不如一日，他不想与父亲争这一时半刻的长短，这罚他受着，可此前所有的不得已而为之，他都不后悔。

阿菩落下目光，并不追究那点子偏见，反倒听罢那句"贪心不得"愣愣地出了神。

阿菩看的时候，苏遣也在看。

他还在惦记那苏氏的宏图伟业，那端澜山庄的步步复兴。

祠堂又归为一片寂然，偏偏此刻，外头一阵急促的嗡鸣，在二人耳边炸开。

"是外庄的信号，"苏遣猛地站起身子，"他们遇袭了。"

阿菩见他提步离开，眉头紧锁，指尖摩挲令牌片刻，随即跟着走了出去。

端澜山庄与众多门派于雕鹤山对峙，等苏遣匆匆赶至，业已死伤无数。

仿佛所有人都是为了那骤然出现的宝藏而来，甚至连这情报的真假都不予理会，只想借此除了端澜山庄，夺得鳌头。

他们瞧见阿菩的一瞬，便将苏遣先前为救藏风阁探子，而不惜背叛江湖正派一事抖了出来，扬言重振正派之风。

两相对立，摩拳擦掌。却是此时，数十身着玄衣的男子骑马踏风而来，围聚在阿菩身侧，他们神情肃冷，周身尽是杀意。

阿菩笑了笑："今日诸位若是强攻，可要掂量掂量。"

若藏风阁只是谍网纵深，倒也不足为惧，可他们有这么一批摸不清底细的暗卫，便令那些门主生了退避的心思。

看着这群乌合之众匆忙退去，适才那句句疾言犹在耳际。

苏遣心里清楚，今日之困尚可解，然总有清算的一日，到那时必定是一场劫难。

他的手握得僵硬，一抹温热落在了

手上。

苏遣朝身旁看去，一眼望进了阿菩的眼里。

“有我在，我必倾尽全力助你。”

天地旷远，风吹散万千，独留下这笃定的眸光。

苏遣轻轻回握，紧蹙的眉亦松了几分。

7

连日朝廷于西崖关一带加强了防守。

西崖关东侧几十里便是雕鹤山，因着朝廷增援这一事传出不少风言风语。

阿菩将藏风阁送来的情报展开，那上头空白一片，竟是什么也没有。

苏遣见她紧绷的脸，安慰道："查不到不一定是坏事。西陵新朝初立，须得严加防范。"

又一信鸽突至，阿菩打开来瞧，是藏风阁传唤的消息。

“阁主传信，要我回去。”

冥冥之中，仿佛有些什么东西，自苏遣脑中划过，却又悄然消失。

苏遣无法与她同去，又放心不下，便道："你带些人回去。"

阿菩想也不想地拒绝，苏遣却固执得紧："我这里无事，反倒是你，独自前去叫我怎么放心。"

“我听你的便是，”她无法，无奈应了，“我去去就回。”

阿菩这一去，足过五日，也未能回来。

藏风阁发生了一件大事，裹素五里，挂上了白幡。

阁内探子一应召回，连在端澜山庄内阿菩放了一半的高手，也全数回去了。

白日朦胧，苏遣望着藏风阁的方向，周遭势力日趋逼迫，仿佛顷刻之间，便会群起而出，将这虚假的白日彻底撕碎。

第七日，不速之客蜂拥而至。

苏遣数不清自己杀了多少人，只觉满目的红，怒号与嘶吼交织在这他生活了二十年的山庄里，刀光剑影步步紧逼，让他什么都看不见了。

“苏遣！”阿菩的声音隐隐透过来，他回身看去，捕到了一缕素白。

尸骸堆积成山，阿菩忍着喉头剧痛，连夺人命的刀剑都顾及不到了，她只看得见浑身是血的苏遣。

在他即将倒下的一瞬，阿菩单薄的身子挡在他背后，而后挥剑避开围来的人，沉声道："苏遣，撑住。"

却是朝廷军队从四面八方而来，没人知道他们等了多久，在各大门派出手以后，拿着剿匪檄文冲了进来。

“奉陛下旨意，随本王，清剿匪寇！”

他们训练有素，任各门派再武艺高强，也难以抵挡这合围之势。

那为首之人骑马握刀直冲苏遣而来，他恍神之际，阿菩已然护到了他身前。

苏遣手上使了力，堪堪将她拉开，提剑刺去的瞬间，猛地听到一声惊呼——

“皇兄！”

突兀的呼喊令周围的人都静了下来。

阿菩看着腰腹血流如注的人，他瞪大了双眼："临川？"

苏遣瞳眸骤然瑟缩，却见那人断了气后，阿菩伏在他身上，周遭之人纷纷跪地：

“参见临川公主。”

阿菩徐徐站起身子，从身上拽出一块玉珏，漠然扬声道：“这山庄外，一众匪寇，一个不留。”

阿菩眼见苏遣如失了魂魄的木人，眼睛木讷地看着她，随即轻轻扯了扯嘴角，手中的剑亦随着他失力的手掉落在了身侧。

“为什么？”

“五十年前，我外祖征战得了这批宝藏，苏氏据为己有，如今我只是拿回来而已。”阿菩道，“这是我献给父皇的礼，他们是，”她看着苏遣，一字一句，“你也是。”

苏遣仍是木讷极了，虚弱的身体摇摇欲坠，他倏地便笑了：“也好，也好。”

顶在喉头的血被他咽了回去，只有他自己知道，如今发生的一切，是他属意于心的结局。

有什么东西迷了眼，等阿菩回神，那眼泪早已寸寸落下，湿了脸颊。

她呕出一口血，看苏遣身后刀山火海，看他步步挪到自己身侧。

“终我一生，都难逃困厄。

“是你，叫我记得了我究竟是谁。”

8

临川不知道自己是生是死，被那漫天的血洗过后，她做了鬼也该是个厉鬼。

眼前跑马灯似的滚过一幅幅画面，她仔细将画中人瞧了半晌，才认出来那分明是自己。

临川生在暮秋，降生之时，母妃备受宠爱。好景不长，西侧始建新朝，外祖征战半生，一生战功赫赫，折在了两国相争的时候。外祖输了国战，被无端召回，收了兵权，又险些被扣上谋逆的罪名。自那时起，母族凋敝，纵使后来母妃又给子嗣艰难的父皇生了个皇子，也仍是居于冷宫。

没有人在意临川，她同母妃，蜗居在最不招人待见的角落。母妃和她提过西南边陲的草寇悍匪，也提过外祖曾留下的奇珍异宝。她看着母妃鬓边的白发，心里隐隐生出的念头，日渐强盛。

母妃挑了个人在宫内假扮临川，又靠着外祖在朝中的心腹，将她送出皇城。临川到现在都记得，当日母妃满眼含泪，却字字掷地有声：“一切罪责，母亲担着。”

临川到了西崖关，便卷入一场斗争，她在死人堆里苟延残喘时，被人捡了去。

那人成了她的师父，而她，摸爬滚打数年，成了探子。

她是藏风阁的阁主，也是师父最得意的徒弟。她却不记得自己是谁。

师父给她的毒药，日日模糊她的记忆。

她是临川，是藏风阁阁主，是阁中婢子……她是任何人，却又谁人都不是。

就在她假借中毒一事引端澜山庄而来，挑起苏氏与众门派对立之时，却遇见了苏遣。

句句“阿菩”，声声入耳，刻在了她的心里。从前模糊不堪的记忆，硬生生因着一个名字，而渐渐将她从朦胧中拽离。

师父被荣华富贵迷了眼，事事交托临川，授意与朝廷合作。临川依靠藏风阁，与外祖旧部联络，她知道父皇早有清剿之心，却因年迈力不从心。而这份心思，扎根在了她的好皇兄心里。

宝藏、国土、储君之位，似乎样样都值得他来蹚这浑水。

临川在冷热交替中，瞧见了她最不愿看见的那日。

她看不清苏遣的脸，只听得清自己的声音："苏氏曾是我外祖部下，背信弃义，罔顾人道，于国家动荡时，私占珍宝。

"我被人围堵是我着意令人给你放的消息，不过是我试探的一步棋，谁知你竟真的来了。

"我就是你曾想暗杀的阁主，那白练，送的是我师父，藏风阁真正的主子。

"我那好皇兄，视我如蝼蚁，我便是要送他下黄泉，才对得起他母妃一族对我外祖的陷害。"

后来她想，若非父皇子嗣艰难，她的胞弟也不会自小便被带离母妃身侧，扔给旁人抚养。而她也没有机会将外祖苦心经营的军中心腹安稳地送到胞弟的跟前。

父皇以为换了个母亲便会叫他忘了自己是谁，殊不知，她的亲弟弟永远记得自己身上流的是谁的血。

可是这些都不重要了，毒入肺腑，她是谁，临川或是阿菩，她都要死了。

再也见不到她一直愧对的苏遣了。

中元节，明明是为了刺探端澜山庄虚实而已，她的一颗心，竟这么丢在了那天。

秋风乍起，窗牖进了风，临川睁开眼，看见了许多人。

睁眼的一霎，临川仔细辨认，才认出那是她的胞弟。

她昏迷了太久，久到如同活死人，在这床上，一躺就是数月。

"阿姐……"

临川看着新皇，得知父皇早在两月前便龙驭宾天，她却问："他呢？"

久无回音，就在临川无力合了眼时，新皇问："阿姐要见他吗？"

9

檀安寺千年古刹，临川再踏足此地，只想到一句轮回报应。

她裹着厚厚的狐裘，靠在正殿门外，一眼瞧见了那跪在蒲团上的人。

呼吸艰涩，临川缓缓吐出一口气，掀起来眼皮细细描摹他的背影。

端澜山庄依她所言留了下来，世事既往不咎——这是她作为阿菩，所能做的最好的选择。

临川还攥着他给的玉佩，只是这么看了一眼，便转身走了。

可她还是听到了身后人喃喃出口的一句："愿阿菩，长命百岁。"

临川将嘴角落下的黑血擦净，余毒深及五脏六腑，早已回天乏术，她能有口气来看他一眼，都是上天的恩赐。

从她选择不再吃解药开始，从她选择算计苏遣却仍执意要留着一份记忆开始，她就没了后路。

皇天后土，无处可去。

临川挪着步子，再没有回头。

"你的阿菩，没有百岁长命了。"